资产与实验室管理实践与研究

张东 张继霞 ◎ 编著

ZICHAN YU SHIYANSHI GUANLI
SHIJIAN YU YANJIU

北京理工大学出版社
BEIJING INSTITUTE OF TECHNOLOGY PRESS

版权专有　侵权必究

图书在版编目（CIP）数据

资产与实验室管理实践与研究 / 张东，张继霞编著.
北京：北京理工大学出版社，2024.7.
ISBN 978-7-5763-4327-4

Ⅰ．G647.5；G642.423

中国国家版本馆 CIP 数据核字第 2024JT1320 号

责任编辑：申玉琴　　**文案编辑**：申玉琴
责任校对：周瑞红　　**责任印制**：李志强

出版发行 /	北京理工大学出版社有限责任公司
社　　址 /	北京市丰台区四合庄路 6 号
邮　　编 /	100070
电　　话 /	(010)68944439（学术售后服务热线）
网　　址 /	http://www.bitpress.com.cn
版 印 次 /	2024 年 7 月第 1 版第 1 次印刷
印　　刷 /	廊坊市印艺阁数字科技有限公司
开　　本 /	710 mm×1000 mm　1/16
印　　张 /	19.25
字　　数 /	285 千字
定　　价 /	88.00 元

图书出现印装质量问题，请拨打售后服务热线，负责调换

资产与实验室管理实践与研究

主　编：张　东　张继霞

顾　问：刘榘忠　李庆常　史荣昌　庞思勤　史天贵

编　委（按姓名拼音排序）：

曹　康	邓慧云	董常娟	杜喜然	范强锐
高仲明	郭宏伟	洪　梅	胡　燕	姜淑琴
兰　山	李　欢	李继峰	栗　兴	刘艾艾
刘博睿	刘人天	刘　鑫	刘云飞	刘梓雅
柳　英	马　涛	彭绍春	曲佳皓	曲运波
宋利军	宋银根	苏家芬	王念丽	王淑霞
王　薇	王秀銮	席巧娟	杨　琴	杨　正
姚朋君	虞振飞	曾雪莉	战　莉	张　连
张美旭	张晓丹	张　扬	赵睿英	赵树东
仲崇娟	左哲宇			

序 言
PREFACE

北京理工大学资产与实验室管理处的前身是成立于四十年前的实验室设备处。四十年弹指一挥间，实验室设备处历经机构变革、职能调整。从实验室设备处到资产与实验室管理处，我们见证了白石桥路7号的北京工业学院的筚路蓝缕，更见证了中关村南大街5号的北京理工大学的蓬勃发展。我们在北京理工大学改革创新中茁壮成长，在北京理工大学服务国家中进取担当，在北京理工大学的光荣与梦想中号角激昂！

回首资产与实验室管理处的过往辉煌，是赵庆祥、刘榘忠、李庆常、史荣昌、李振键、李盼兴、庞思勒、史天贵、曲大成、宋希博等各位"老班长"带领一代代资产与实验室管理处人"一张蓝图绘到底"的久久为功与求实进取的成就。

资产与实验室管理工作的一点一滴进步，每一份优异答卷背后都离不开每一代每一位"资实人"的行远自迩、踔厉奋发。在此，对每一位"资实人"的鼎力支持和辛苦付出表示最诚挚的谢意！

百舸争流奋楫者先。资产与实验室管理目前的平稳局面，来之不易，但绝不意味着可以松口气、歇歇脚，一定要以"时时放心不下"的责任感和只争朝夕的奋斗精神，担当作为，求真务实，加紧谋划发展的政策措施，加快纾困解难，让"稳"的基础更扎实，让"进"的动能更充沛，为北京理工大学实验室建设与发展添能蓄势。

老同事、新朋友们，远方的路还很长很长。新的征程上，愿我们行稳致远、精业笃行，一起努力推动学校资产与实验室管理工作再上新台阶，携手共进谋发展，砥砺奋进续华章！

目 录
CONTENTS

历史沿革 　　　　　　　　　　　　　/ 001

组织机构 　　　　　　　　　　　　　/ 005

奋斗历程 　　　　　　　　　　　　　/ 013

  筚路蓝缕篇 　　　　　　　　　　/ 014

  峥嵘岁月篇 　　　　　　　　　　/ 021

  奋楫笃行篇 　　　　　　　　　　/ 032

  春华秋实篇 　　　　　　　　　　/ 080

四十年聚焦 　　　　　　　　　　　　/ 105

薪火传承 　　　　　　　　　　　　　/ 113

芳华流年 　　　　　　　　　　　　　/ 123

附录 　　　　　　　　　　　　　　　/ 145

后记 　　　　　　　　　　　　　　　/ 297

历 史 沿 革

引言

资产与实验室管理处建设和发展的40年历程，铭刻着"资实人"与时俱进、追求卓越的澎湃豪情，书写着"资实人"敢为人先、艰苦奋斗的不变初心。

1983年5月，伴随着中国改革开放的伟大进程，北京工业学院为了加强全校实验室的建设与发展，突出实验室管理的重要地位，撤销器材设备处成立了实验室设备处，将器材设备处的供应科、设备科、仪表站，科研处的实验室科，生产处的技安科归口实验室设备处管理。主要职责是全校物资供应、设备管理、技安环保、实验室建设与管理以及"六五期间"项目收尾等工作。

1989年，实验室设备处成立世界银行贷款办公室。

1995年，北京理工大学机制体制调整，按照管理与经营分开的原则，实验室设备处下属的仪表站归入开发公司，物资供应科归入总务后勤处。同时，合并设备管理科和实验室管理科。

1996年，根据职能要求分开合并的设备管理科和实验室管理科为两个科室。实验室设备处下设实验室管理科、设备管理科、世界银行贷款办公室、技安环保科。主要职责是全校的实验室建设与规划、实验室机制体制管理、实验室日常运行管理、实验技术队伍管理、仪器设备管理、仪器设备招标采购、世界银行贷款项目建设、实验室技术安全管理等。

1997年7月，撤销世界银行贷款办公室，成立综合管理科。

2008年10月，学校部分机构调整，按照合理归并、精简机构、理顺机制、提高效能的原则，将实验室设备处更名为"实验室与设备管理处"，同时西山实验区不再作为独立处级机构设置，由实验室与设备管理处负责管理。实验室与设备管理处的主要职责是全校的实验室建设与规划、实验室机制体制管理、实验室日常运行管理、实验技术队伍管理、仪器设备管理、仪器设备招标采购、世界银行贷款项目建设、实验室技术安全管理、西山实验区管理等。

2011年6月，学校成立分析测试中心，挂靠实验室与设备管理处，由实验室与设备管理处负责建设和管理日常事务。实验室与设备管理处的主要职责是全校的实验室建设与规划、实验室机制体制管理、实验室日常运行管理、实验技术队伍管理、仪器设备管理、仪器设备招标采购、世界银行贷款项目建设、实验室技术安全管理以及西山实验区、分析测试中心日常运行管理等。2016年4月，成立独立设置的西山实验管理中心，2016年10月，分析测试中心成为独立的二级机构。

2018年9月，学校进行机构调整，将实验室与设备管理处的大部分职能与国有资产管理处的资产管理和房屋管理职能合并组建资产与实验室管理处。实验技术队伍管理划归人力资源部，一年后又回归资产与实验室管理处；仪器设备采购管理划归新成立的招标采购中心。

2020年7月，资产与实验室管理处增加对西山实验区和分析测试中心的业务指导职能。

组 织 机 构

引言

这是一个政治坚定、团结务实、勤奋实干、作风民主、清正廉洁、敬业精神强、极富战斗力和创造力的领导集体!

一、历任及现任分管校领导

严沛然

焦文俊

俞　信

孙逢春

赵　平

赵显利

李和章

陈　杰

龙　腾

庞思平　　　　　　　李振键

二、历任及现任处领导

【实验室设备处/实验室与设备管理处历任处领导】

刘榘忠　　　　　李庆常　　　　　史荣昌

李振键　　　　　庞思勤　　　　　史天贵

王明来

周　勇

金　军

刘云飞

蒋耘晨

刘照同

马　涛

彭绍春

赵保军

兰 山

【国有资产管理处历任处领导】

李盼兴

曲大成

宋希博

刘艾艾

谷千军

张 玮

刘昕戈

李　晋

刘博联

【资产与实验室管理处历任及现任处领导】

史天贵

刘云飞

张　东

刘昕戈

赵保军

刘博联

郭宏伟　　　　　　　栗　兴　　　　　　　张晓丹

三、机构职责

资产与实验室管理处职责主要包括：

（1）负责国有资产综合管理工作，组织制定学校国有资产管理的规章制度，并组织实施和监督检查。

（2）负责土地房屋资源以及地下空间的管理工作。

（3）负责周转房和住房改革后续相关工作。

（4）负责设备家具资源管理工作。

（5）负责监督管理经营性资产运行工作。

（6）负责实验室建设、管理及内部改造等工作。

（7）负责做好公共实验平台建设工作。

（8）负责实验队伍管理工作。

（9）负责全校安全生产工作。

（10）负责通信基础设施管理工作。

（11）负责教职工采暖、物业、住房补贴以及通信补贴管理工作。

四、科室设置

资产与实验室管理处现设有四个科室，分别为综合管理室、平台设备室、安全监管室、房屋管理室。

五、人员现状

2023年6月28日,支部书记讲党课合影

资产与实验室管理处现有人员28人,其中A系列21人,B系列5人,退休返聘人员2人。

第一排从左往右依次是:张美旭、赵睿英、杨琴、战莉、曾雪莉、曲佳皓、王薇、姚朋君

第二排从左往右依次是:张继霞、郭宏伟、栗兴、张东、刘云飞、张晓丹、洪梅

第三排从左往右依次是:张扬、刘博睿、曹康、李继峰、李欢、杨正、曲运波、虞振飞、刘人天、左哲宇

奋斗历程

引言

四十年流金岁月,四十载不懈耕耘。过去的四十年,是开拓创新的四十年,是发展变革的四十年,是拼搏奋进、不断跨越的四十年!

岁月在变迁,从"实验室设备处"到"实验室与设备管理处",再到"资产与实验室管理处",从主楼1层到主楼5层,到逸夫楼5层,再到中心教学楼1层,我们的使命没有变,我们的坚持没有变,我们的信念也没有变,那就是如何推动学校实验室的建设与长足发展。四十年,凝聚了几代人的奋斗,在历届领导的关怀和部门、学院以及实验室的大力支持下,我们始终坚持求实方针,秉承服务广大师生的宗旨,在加强实验室建设、推进实验教学改革、整合实验室资源、加强资产管理和资源配置、提升安全管理水平、开放创新等方面开展了大量卓有成效的工作,取得了累累硕果,铸就了辉煌。

筚路蓝缕篇

【1983—1993年】

20世纪80年代，以世界银行贷款为契机，在探索中推进实验室建设与仪器设备管理。

一、以评促建，推动实验室建设与开放

（一）注重验收评估，推动实验条件提升

1984年4月6日，学校首次召开了实验室工作会，标志着北京理工大学实验室建设与管理工作步入正轨。自1984年7月，实验室设备处开始开展实验室验收评估工作，至1987年，三年时间，共验收49个实验室，占应验收实验室的84.4%。这一工作推动了学校实验室的建设，提高了实验教学质量，被列入兵器工业部教育司《"七五"期间部属高等院校实验室工作要点》。

1984年制定的实验室验收评估标准

序号	评估标准	评估明细	权重
1	完善的实验教学条件	1.1 完善的实验教学文件，包括实验大纲、实验教材、实验指导书、实验标准数据及实验考试、考核办法。 1.2 实验开出率不低于1979年教学大纲的规定。 1.3 制定3~5年内实验室的发展规划	30分
2	健全的实验室管理制度	明确职责，落实到人	30分

续表

序号	评估标准	评估明细	权重
3	事业心强,有能力的实验室主任	一般实验室主任具备中级技术职称;重点实验室主任由副教授以上担任。教师参加实验室工作,要制订实验技术人员的培养计划,形成制度	20分
4	实验室环境文明、整洁、安全	全面改善实验室中桌、椅、柜、凳和水、电、气、暖等条件,努力创造一个良好的教学和科研环境	20分

经过建设和验收,实验室水平显著提高。1987年,实验项目开出率由验收前的66%提高到1986年年底的99%;有38.7%的实验室单独开设了实验课,开出综合性实验的比例达到22.8%;新增教学、科研设备3 769万元,报废处理了陈旧设备近2 800万元,实验室装置得到了更新;75%的实验室用房,环境条件根本改观;有63位教授和副教授常年担任实验室工作,实验室队伍得到了充实。

1987年,全校总共有58个实验室,经过实验室体系调整,至1990年,学校拥有各级各类实验室数量达到了80个。

实验室验收总结会

实验室验收总结会（续）

80年代末学校实验室

80年代末学校实验室（续）

为了加强实验室宣传，推动实验室开放，1991年，实验室设备处（席巧娟、李振键）组织编辑了北京理工大学第一本《实验室简介》，该简介系统介绍了学校实验室的构成与发展历程，是学校实验室的一份珍贵的历史资料。

（二）推动实验室开放，促进实验教学革新

北京理工大学是实行实验室开放最早的高校。1990年，学校出台了《北京理工大学实验室向本、专科学生开放的若干规定》[（90）实字01号]，每年划出50万元设立开

北京理工大学第一本
《实验室简介》

放实验专项基金，用于支付实验室开放指导人员津贴和材料消耗补贴，使实验室向学生开放工作逐步制度化和规范化，为后期实验室开放项目的实施奠定了良好的基础。

1991年，为了促进实验教学改革，提高实验教学质量和实验装备水平，鼓励教师和实验技术人员发扬自力更生、勤俭办校的精神，充分利用现有实验室的条件，因地制宜地自制（改制）仪器设备，把学校实验室建成具有自己特色的教学、科研基地，出台了《北京理工大学自制（改制）实验仪器设备专款管理暂行办法》，每年从教学设备费中拨出一定数额用于支持实验室

开展自制（改制）仪器设备专款。申请的项目必须是为了本校计划内学生的实验教学，在探索实验方法、改进实验内容和增加新的应开实验项目等方面开展仪器设备的创新研制或在用仪器设备的技术改造、功能扩展。

（三）抓住外部机遇，加强重点实验室建设

1986年，实验室设备处"世界银行贷款高等教育发展项目"启动，实验室设备处成立世界银行贷款办公室，主要负责项目申报、项目建设等工作。1987—1988年，世界银行贷款项目全面启动，1988年9月，北京理工大学作为世界银行贷款"重点学科建设项目"的首批资助学校，获得了96万美元的项目资助，集中建设了爆炸灾害预防控制实验室、汽车动力性排放测试实验室、信号处理与采集实验室、颜色科学与工程实验室以及阻燃材料实验室。

爆炸灾害预防控制实验室

汽车动力性排放测试实验室

信号处理与采集实验室

颜色科学与工程实验室　　　　　　　　　阻燃材料实验室

二、双管齐下，加强仪器设备购置与管理

（一）促进交流协作，拓宽仪器设备采购渠道

1985年12月7日，兵器工业部为了加强学校建设，特批复学校二期扩建工程（"七五"计划），实验室设备处作为主要管理部门针对实验室的建设起草制定了学校仪器设备购置论证计划，学校针对实验室教学科研仪器设备和基础设施集中投资建设，新增各类设备58台套，总投资2 980万元。

1988年，北京理工大学、北京医科大学、北方交通大学、北京师范学院、北京航空航天大学等八所院校组织召开了北京地区八大联合团体技术物资工作研讨会，并于1989年首次组织召开了高校民间订货会，后来演变为技术物资研究会以及全国范围的高教仪器设备展示会，目前已经举办了35届。高校民间订货会的召开，有效地促进了仪器设备采购质量和效率。

（二）重视信息化建设，推动仪器设备开放共享

20世纪80年代，北京理工大学教学科研仪器设备总计18 125台套，总值9 889万元。实验室设备处历来重视仪器设备的信息化管理。1984年，设备科韩平老师开发了学校第一代仪器设备计算机管理系统。北京理工大学是国内最早自行开发软件管理仪器设备的高校之一。

学校大型仪器设备开放源自20世纪80年代末，当时透射电子显微镜、液压传动与测试系统等20台套大型仪器设备实行单独立户管理。其中，光电子能谱仪、透射电子显微镜参加了国家教委和中科院组织的联合分析测试中

心，向全国开放。

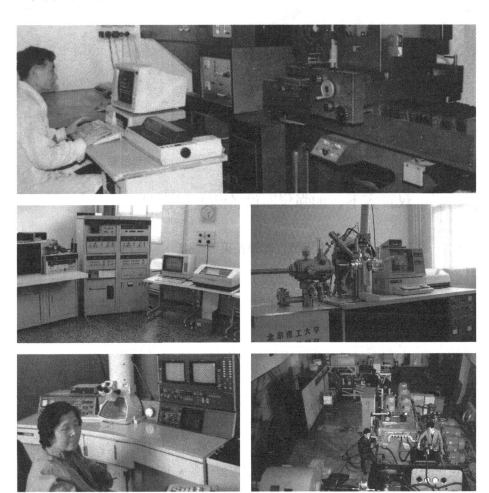

20世纪80年代学校自研制设备

峥嵘岁月篇

【1994—2003年】

一、体制先行，强化实验室分类建设与管理

（一）改革实验室管理体制，优化资源配置

学校于1990年制定了《北京理工大学实验室建制管理暂行办法》，规定实验室的建制权在学校，强调了实验室的设置必须遵循有利于加强管理、有利于提高教学科研水平、有利于提高投资效益的原则。对新建实验室规定必须有长期稳定的任务，必须有合格的实验室主任、实验室的专职人员、固定资产、使用面积等，这些具体的管理措施抑制了实验室的盲目扩展，消除了实验室互相脱节和效益低下的现象。

1994年，全校共有实验室84个，面积42 403m^2，实验技术人员221人。20世纪90年代后，为了加强对实验室的建设与管理，优化资源配置，结合基地与课群建设，最初的校、学院（系）和教研室三级管理体制调整为校、院二级管理体制。为了加强院（系）对实验室工作的领导，发挥院（系）在实验室建设与管理中的作用，逐步建立"统一领导、分级管理、分类指导"的实验室运行机制，改善教学与科研条件，提高院（系）实验室的管理水平和投资效益，更好地为"211工程"建设和教学、科研服务，1998年，实验室设备处出台了《北京理工大学关于院（系）加强实验室建设与管理的意见》。该政策从实验室地位作用、管理体制、总体规划、运行机制、筹资机制、建

立合并撤销、队伍建设、对外开放、投资效益、日常管理、研究及交流等多方面对学校的实验室建设与管理提出了指导性思路。该政策是北京理工大学历史上第一次对实验室建设与管理提出的较为系统全面的指导性意见。1999年，学校共有实验室84个，面积52 720m^2，采用校、院(系)两级管理体制。2002年，全校实验室数量增加为87个。

学校按照立足国防科技工业、面向国民经济建设、坚持办学特色、拓宽思路、自主创新的指导思想，于2002年完成了学科布局调整和学院重组工作，同时以学科建设为核心的实验基地支撑平台也取得了长足发展，形成了人才培养、科学研究和社会服务三大功能实践技术平台。新的学院体制经过一年多的运行和建设，基本上完成了实验室体制的调整、撤销、组建、合并和扩展。为了加强对实验室的管理，优化资源配置，实验室设备管理处于2003年制定了《北京理工大学关于实验室认定工作的指导意见》，再次开展对实验室的体制调整，按照"统一领导、分级管理、分类指导"的原则，对全校范围内的所有实验室进行认定登记。该指导意见明确了学校的实验室管理体制实行校、院二级管理，实验室建制权在学校；明确了实验室设置的五个基本条件（详见下表）以及认定登记工作的流程。凡是经学校认定审批的实验室，列入学校正式建制实验室管理，并编入《中国高等学校实验室一览》和《北京理工大学实验室简介》；同时，学校将按照实验室的基本条件、管理水平、实验室的效益发挥、实验室特色和创新人才培养等方面的要求，对实验室定期进行评估检查，对评估检查不合格的实验室将限期进行整改，整改后依然不合格的实验室，学校将撤销该实验室建制。

2003年学校实验室设置的基本条件

序号	条件	具体要求	硬指标
1	发展方向和实验任务	稳定的学科发展方向和饱满的实验教学或科研、技术开发等任务	
2	房屋、设施及环境	符合实验技术工作要求的房屋、设施及环境	房屋使用面积不应少于60m^2
3	仪器设备	足够数量、配套的仪器设备	仪器设备固定资产不低于30万元

续表

序号	条件	具体要求	硬指标
4	实验队伍	有合格的实验室主任和不少于3人的专职教师和实验技术人员；实验室主任要具有较高的思想政治觉悟，具有实验教学或科研工作经验及较高的组织管理能力。部（委、市）级以上重点实验室主任由具有正高职人员担任；其他各类实验室主任应由具有副高职以上的人员担任。	
5	管理制度	科学的工作规范和完善的管理制度	

（二）加强实验基地建设与评估，优化实验教学体系

进入20世纪90年代，学校实施了课群改革，实验室设备处以建设基础课群和大专业实验基地为重点，全面统筹实验基地的规划和建设。自1998年开始，利用世界银行贷款"高等教育发展项目"支持的230万美元以及学校自筹的2 000余万元配套经费，重点建设了物理教学实验中心、基础化学教学实验中心、电工电子教学实验中心和工程训练中心。通过项目的实施，学校拓宽了实验室建设思路，加强了实验室队伍建设，提高了人才培养的质量，优化了实验教学体系。

物理教学实验中心

工程训练中心

电工电子教学实验中心　　　　　　　　基础化学教学实验中心

作为教育部世界银行贷款项目专家组秘书处挂靠单位，实验室设备处协助教育部领导和专家组实地考察项目学校25所、协作学校5所、基础教学实验中心77个，召开专题会议5次，提交会议纪要、考察报告和工作总结等工作报告14篇。

基础课实验室评估是提升高校基础实验教学工作的重要改革举措，实验室设备处原处长刘榘忠作为专家参加了"北京高校基础课教学实验室评估指南"的编写工作，李庆常副处长作为北京市教委原专家全程参与评估检查工作。1997—2001年，学校电工实验室等8个基础教学实验室顺利通过教育部的基础课教学实验室评估，将电工实验室的评估材料作为示范向全国推广，为学校实验室的建设和实验教学示范中心的发展打下了坚实的基础。

专家检查现场

专家检查现场（续）

电工实验室合影　　　　　　　　基础实验室评估阶段总结会

实验室评估材料

"九五"期间，学校的发展建设以"211工程"为主线，实验室设备处先后组织实施了"211工程"教学与公共服务体系中工程训练中心等17个教学实验基地项目的建设实施，有力地支持了对学生实践能力和创新能力的培养。

1995年，为了加快实验室建设，切实加强实验室经济管理，提高投资效益，促进实验室经费管理的科学化和制度化，实验室设备处出台了《北京理工大学教学实验费和教学设备费管理暂行办法》，对教学实验费和设备费的分配进行了明确的规定：教学实验费按照实验人时数测算，同时对实验教学任务量大、面向专业较多的公共基础型实验室实行戴帽下达经费，保证学生受益面大的基础实验室能有较为稳定的经费来源；教学设备费用于优先支持公共基础课和主要技术基础课等受益大的实验项目、教学大纲规定的必开实验项目、已开实验项目的急需更新的仪器设备、重点实验教学改革项目、投资少见效快的新开实验项目、多渠道筹资院（系）的实验室仪器设备的更新和补充等支出。

（三）构建重点实验室运行机制，突出管理重点

1994年，为了加强对重点实验室及专业实验室、国防科技重点实验室的管理，建立和形成重点实验室"开放、流动、联合"的运行机制，实验室设备处出台了《北京理工大学国家级重点实验室学术委员会组织和工作条例》，以规范学术委员会的相关工作；同时，还出台了《北京理工大学国家级重点实验室主任聘任及考核办法》，以加强对重点实验室管理队伍的建设。该办法明确规定了重点实验室主任及副主任的任职条件，比如实验室主任年龄要求在60岁以下，具有高级正职技术职务，实验室副主任可设2~3人，需具有高级技术职务，其中一个年龄应在45岁以下。该办法还明确提出了实验室主任、副主任在聘任期内的相关待遇，比如按照"北京理工大学校内管理体制改革方案"享受学校发放的岗位津贴，教师担任实验室主任、副主任减免教学工作量的1/3~1/2。

1996年，世界银行贷款秘书处设立在北京理工大学，由实验室设备处成立世界银行贷款办公室，负责管理相关事务。1996年4月，爆炸灾害预防控制实验室、信号处理与采集实验室、汽车动力性排放测试实验室、颜色科学与工程实验室以及阻燃材料实验室等5个实验室先后通过国家计委委托的中国兵器工业总公司组织的验收。1996年9月，学校第一个国家重点实验室爆炸科学与技术实验室通过验收并正式对外开放，是我国爆炸领域唯一的一个国家重点实验室。

1995年12月和1997年12月，学校的两个国防科技重点实验室——机电工程与控制实验室、车辆传动实验室分别通过国防科工委组织的验收，相继投入运行。

1998年，实验室设备处联合人事处又以校发文出台了《北京理工大学设置重点实验室主任岗位实施细则（试行）》，该细则对重点实验室主任的岗位设置、岗位职责、聘任条件、岗位待遇、考核办法等具体实施进行了较为细化的规定，提高了可操作性。

（四）推动实验室开放，形成人才培养新机制

为了贯彻落实《北京理工大学关于全面推进素质教育，加强高素质创新型人才培养的意见》，充分发挥实验室的资源优势，促进实验教学课程改革，逐步形成高素质创新型人才培养的新机制，1999年，实验室设备处在我校实验室向学生开放取得一定成效的基础上，对1990年的开放管理办法进行了修订，出台了《北京理工大学实验室向学生开放管理办法》。该办法明确了实验室向学生开放的原则和意义、开放形式、开放的组织实施、鼓励与奖励办法，把实验室开放工作纳入教育教学改革内容，纳入学生实践教学环节，鼓励学生利用课余时间参加实验室开放活动，同时鼓励和支持实验技术人员和教师开展开放实验工作，产生创新性成果，保证了实验室开放工作组织实施更加有序、更加规范。为了规范开放专项基金的使用，2001年，实验室设备处出台了《开放实验专项基金使用管理办法》，对开放基金的支持范围、申请与立项审批、支出管理等作出了明确的规定，并完善了基金申请、验收审核、支出明细等具体流程，切实提高了基金使用效益。

实验室开放实验及成果汇编

实验室开放实验及成果汇编（续）

2002年，实验室设备处重点投资建设了光电创新教育实验基地，并于2003年1月15日组织召开了"光电创新教育实验基地开放现场会"，此次会议充分发挥了光电创新教育实验基地进行实验室开放的辐射和推广作用，是我校全面开展学生开放创新活动的里程碑。2003年，实验室设备处设计开发的开放实验计算机选课系统属全国高校首创。三十多年来，经过几代人的共同努力，学校实验室开放工作已经成为学生创新实践能力培养的重要途径。

20世纪90年代末，学校采取多渠道筹资及立项管理办法对计算机实验室进行了较大的投入，给学生创造了良好的上机环境。为了充分发挥计算机在教学、科研和管理等方面的作用，调动维护管理人员和学生使用计算机的积极性，提高计算机利用率和投资效益，实验室设备处专门出台了《北京理工大学关于加强计算机实验室管理的若干规定》。该规定明确提出：各单位在首先保证完成本专科教学计划内学生上机的条件下，应尽可能地接纳本校各类学生的自由上机，适当开展对外服务，并对计划外上机收费标准和收入及分配机制进行了明确的规定，这是最早对仪器设备开放服务收入的有益探索。

（五）明确岗责优化结构，提高队伍整体建设水平

为了加强对实验队伍的管理，确保岗责明晰，1999年，实验室设备处出台了《北京理工大学实验室工作人员岗位职责》。该制度明确规定了实验室主任、实验教师、实验技术人员、实验室工人的岗位职责。自2002年开始，学校每年选拔优秀的硕士毕业生充实到实验室岗位，防止断层缺档，为实验室的发展注入新的活力。同时，学校制定有关政策，支持年轻的实验技术人员申报在职攻读学位。2003年，学校在部分受益面大的教学实验室和重点实验室设立主任关键岗位，充分调动了实验室主任的积极性。实行实验系列高级专业技术职务单独评聘制度；鼓励有条件的实验技术人员开设实验课，积极进行实验教学改革，编写实验教材等。通过以上措施优化了队伍结构，提高了实验队伍的业务水平和管理水平，为实验教学、科学研究提供了有力保障，提高了人才培养质量。

（六）重视专家智囊团，多举措提高实验室管理水平

在实验室的建设过程中，专家和智囊团充分发挥思想库作用，为实验室的各项工作出谋划策、献言献计、顾问咨询。2000年，学校成立了北京理工大学实验室工作委员会，对实验室建设与管理、仪器设备布局、学科建设、队伍建设等重大问题进行研究、咨询，并提出建议，此项制度一直沿袭到现在。

为了加强对实验室的各类信息数据管理，实验室设备处于1999年出台了《北京理工大学实验室基本信息的收集整理暂行办法》以及《北京理工大学

实验室工作档案管理暂行办法》，对实验室基本情况、5万元以上大型精密仪器设备的使用情况以及所承担的实验任务等各类信息数据提出了明确的规定，并对档案管理工作提出了明确的要求。

二、规范流程，加强仪器设备购置管理与效益考核

（一）加强制度建设，规范仪器设备购置流程

2003年，为了贯彻落实国家有关政府采购与招投标管理的政策法规，加强对学校采购与付款业务的内部控制，规范采购与付款行为，防范采购与付款过程中的差错和舞弊，实验室设备处出台了《北京理工大学采购与付款内部控制管理办法（试行）》，明确规定了采购与付款业务分工与岗位职责、采购方式、采购与付款内部控制规范。同年，还出台了《北京理工大学采购与工程项目合同管理办法》以及《北京理工大学关于实行政府集中采购制度的规定》，从制度上规范了学校采购与工程项目合同的管理，规范了集中采购的行为。

（二）加强账物管理，注重仪器设备效益发挥

20世纪90年代以来，通过世界银行贷款、"211工程"、"985工程"、国防特色学科、"条保技改"等专项建设项目的实施，北京理工大学的仪器设备增量迅速。1994年，全校教学科研仪器设备总计14 573台套，价值15 334.30万元，其中5万元以上363台套，价值8 812.40万元；1995年，全校教学科研仪器设备15 614台套，价值17 136万元，其中5万元以上396台套，价值9 671万元。

2002年，学校首次对所有03类单价40万元以上的贵重仪器设备进行了效益考核，并编印成册。

三、构建体系，打造军工特色安全文化

1994年，为了加强实验室安全管理，学校成立安全生产领导小组，是全国最早成立相应机构的高校之一，初步建立了安全生产的责任体系。

1998年，为切实解决学校从事有毒有害等有损健康工种人员的特殊营养

需要，确保身体健康，更好地完成教学、科研和生产任务，实验室设备处制定了《北京理工大学关于从事有害健康工种人员营养保健等级和标准的实施细则》，对营养保健范围和等级、等级标准以及相关管理作出了明确的规定。

1999年，为了进一步加强学校实验室安全工作的管理，加强对化学危险品的管理，坚持"以人为本、安全第一"的原则，确保师生员工在实验中的人身安全，以及避免国家财产的重大损失，严防各类事故的发生，制定了《北京理工大学化学危险品分类目录及安全管理规定》以及《北京理工大学关于学生参加化学危险品实验的安全管理规定》，对危险化学品的分类及安全管理、学生参加化学危险品实验作出了明确的规定。

2002年，开始每年组织"安全生产月"活动，形成了具有军工特色的高校安全文化。

奋楫笃行篇

【2004—2013年】

一、深化体制改革，统筹谋划实验室建设与管理

（一）深入推进实验室体制改革，促进效益发挥

为了促进有限资源的合理配置和效益的充分发挥，切实提高实验室建设与管理水平，多年来学校持续推动实验室体制机制改革。

为了进一步贯彻落实《高等学校实验室工作规程》（1992年6月27日教育委员会令第20号公布），2005年，实验室设备处制定了《北京理工大学实验室工作条例》。该条例从实验室管理体制、实验室基本任务、实验室建设规划、实验室队伍建设、实验室环境与安全等方面对实验室的建设和管理提出了规范性的要求。同年，加强学校公共服务基础平台和学院基础实验平台的建设，努力形成标志性成果，为学校迎接教育部本科教学工作水平评估创造条件，以"985工程"二期科技创新平台建设为契机，全面提升学校各级各类重点实验室的创新能力和可持续发展能力，为学校建设更高水平的重点实验室奠定基础、创造条件。

2002—2006年，学校实验室的数量急剧增长为138个。针对实验室布局分散、功能重叠运行、低效和封闭等情况，2007年，实验室设备处以本科教学工作水平评估为契机，在广泛征求意见的基础上制定了《北京理工大学加强实验室体制管理实施意见》，对实验室管理体制再次进行调整。该实施意见中首次提出按照"统一领导、分级管理、分类指导"的原则实行校院二级管

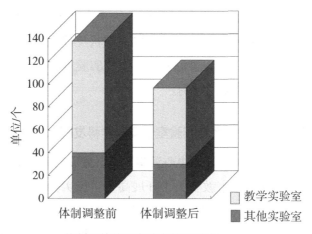

体制调整前后实验室数量对比

理体制,并明确提出了实验室的建制应符合的基本条件。经过改革、重组、整合,实验室个数由2006年年底的138个调整为97个,避免了重复建设,提高了规模效益,增强了实验室的功能,实现了人员、仪器设备、经费、实验教学任务等的统筹计划、统筹安排和管理,有利于理论教学与实践教学的有机结合,有利于教学改革与学科建设的相互促进,有利于实验室规模化建设与资源共享,有利于学生综合素质与创新能力的培养。

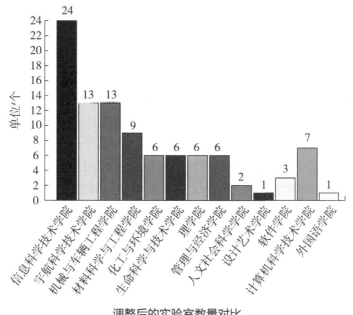

调整后的实验室数量对比

2009年，实验室由98个重新整合为89个。2007年和2010年分别编印了《北京理工大学实验室概览》，对实验室现状及其发展的介绍，不但有利于促进实验室全面开放，实现资源共享，发挥实验室和仪器设备的效益，也有利于扩大学校在各个领域的影响。

（二）科学统筹规划各类实验室，支撑学科发展

1. 精心组织实验教学示范中心评审工作，建设培育双管齐下

根据教育部和北京市教委关于开展高等学校实验教学示范中心建设和评审工作的通知精神和有关要求，学校认真组织开展实验教学示范中心的建设、申报和迎评工作，同时，以示范中心申报评审工作为契机，统筹规划，继续加快全校实验室资源整合、共享。

在国家级和北京市级实验教学示范中心评审中，学校领导高度重视，加强建设与评审工作的组织领导，实验室与设备管理处按照"以评促建"的原则，加大经费投入，对实验教学中心的环境条件进行改造，对仪器设备进行更新；采取有力措施，加强沟通协调，多次组织校内多年从事实验教学与管理的专家组成校内评审专家组，对实验教学中心的申报材料进行评审，提出建设性意见和建议；精心策划，认真组织，接待专家组进校现场考察评审工作。

2005年12月，学校电工电子教学实验中心被认定为首批国家级实验教学示范中心。2006年，物理教学实验中心、基础力学教学实验中心和工程训练中心于8月26日被认定为北京市高等学校实验教学示范中心，除北京大学外，北京理工大学是北京市被认定数最多的高校；同时，工程训练中心被推荐参加国家级实验教学示范中心评审。

2007年7月，学校的计算机实验教学中心、管理与经济实验教学中心被评审认定为北京市级实验教学示范中心，学校共拥有国家级实验教学示范中心2个、北京市级实验教学示范中心6个，其数量当年在北京市高校中仅次于清华大学和北京大学，名列第三。

实验教学示范中心评审工作

2008年，学校生物实验教学中心和基础化学实验教学中心被认定为2008年北京市级实验教学示范中心，至此，学校已有北京市级实验教学示范中心8个、国家级实验教学示范中心2个。

2009年6月，学校航空航天工程实验教学中心、交通与车辆实验教学中心被评审认定为北京市级实验教学示范中心。至此，学校已有北京市级实验教学示范中心10个、国家级实验教学示范中心2个，在北京高校中名列前茅。2010年，软件学院的数字媒体技术实验教学中心成功申报北京市级实验教学示范中心。

为加快学校实验室建设和可持续发展，促进优质资源整合和共享，提升办学水平和教育质量，加强学生实践能力和创新能力的培养，2009年，学校制定了《北京理工大学实验示范中心管理办法》（学校令第25号），依此办法，制定了校级实验示范中心评审工作办法和评审指标体系。2009年，实验室与设备管理处聘请原副校长俞信教授等9位专家组成评审专家组，对信息与电子学院等8个学院申报校级实验示范中心的8个实验中心提交的申报材料进行了评审，经过听取实验中心主任汇报，考察实验中心的建设、设备使用与文化环境等情况，查阅相关支撑材料，评估打分并向相关学院反馈评审意见等环节，经综合考评，自动化教学实验中心、数学实验中心、生物过程与药物转化实验中心、信息系统与安全对抗实验中心及外语教学实验中心5个实验中心被专家组建议批准为北京理工大学实验示范中心。2010年年底，实验室与设备管理处组织开展了2010年度北京理工大学校级实验示范中心申报评审，评出理工科类示范中心两个，文科类示范中心一个。

通过实验教学示范中心的建设和评审工作，加大了实验教学改革和实验教学条件建设的力度，促进了学校优质教育资源的整合与共享。同时，实验教学示范中心的建设模式和运行模式也为校内其他实验室建设和发展提供了很好的借鉴，充分发挥了其辐射作用，带动了学校教学实验室的建设与发展，提高了全校实验室的整体建设水平。

2012年，学校精心组织、周密布置，大力做好各级实验教学示范中心申报及验收工作。为做好"十二五"期间国家级实验教学示范中心申报工作，采取有力措施，积极动员学院参与申报，精心组织校内评审筛选并配合学院完成申报材料的编制工作。最终机械与车辆学院的地面机动装备实验教学中心获批国家级实验教学示范中心，学校已有国家级实验教学示范中心3个。下半年，北京市教委根据教育部要求对学校工程训练中心和电工电子教学实验中心进行国家级实验教学示范中心验收工作，实验室与设备管理处制订了验收工作计划，协助学院编写验收材料，组织专家进行评议，实施对中心条件的更新改造，组织现场验收会议等系列工作，圆满完成了验收工作。工程训练实验教学示范中心和电工电子实验教学示范中心的验收成绩均是北京高校同类中心的最高分。12月上旬，按照工信部要求，实验室与设备管理处组织并完成了部级实验教学示范中心的申报工作。自动化实验教学中心、光电实验教学中心、信息系统及安全对抗实验教学中心获批为工信部实验教学示范中心建设单位。

2013年，实验室与设备管理处顺利完成国家级虚拟仿真实验教学中心申报工作，同时高质量完成北京市级实验教学示范中心验收工作。当年教育部启动了国家级虚拟仿真实验教学中心的建设，这是继国家级示范中心工作之后又一个实验教学中心重点建设项目。为了做好这项工作，实验室与设备管理处按照"精心组织、全力保障"的工作思路，在校内选拔、材料编写等各方面做了大量工作，最终顺利完成了该中心的申报工作。下半年，根据北京市教委要求，通过周密组织和精心策划，高质量完成了"十一五"期间获批的物理教学实验中心等4个中心的验收工作，通过验收工作深入总结了建设成果与经验，形成了未来发展的科学规划，切实达到了"以验促建"的工作目标。

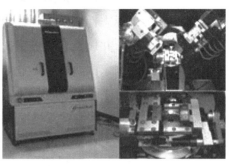

2013年的学校实验室环境

2013年的学校实验室环境（续）

2. 多渠道筹集资金，强化重点实验室管理与评估

重点实验室对于提升学校综合科技实力、促进学科发展、培养创新人才、推动国际合作等方面都有着重要作用。学校历来重视重点实验室的建设，通过多渠道筹集资金，加大投入，强化重点实验室建设，同时"以评促建、以评促改"，持续推动提升重点实验室管理水平。

实验室总结验收

2006年，实验室设备处圆满完成"十五""211工程"仪器设备总结验收工作，精心组织复杂系统智能与决策实验室申报教育部重点实验室并顺利获批。

2008年，实验室与设备管理处精心组织，圆满完成爆炸科学与技术国家重点实验室的评估工作。按照国家重点实验室的评估工作要求，精心准备，注重细节，突出标志性成果，扎扎实实做好学校爆炸科学与技术国家重点实验室的评估工作，并以良好的成绩通过国家科技部专家组的现场评估。同时认真做好下半年国家国防科技工业局对机电工程与控制、车辆传动两个国防科技重点实验室的评估准备工作。

3. 超前谋划，为实验室双核发展提供有力保障

按照北京理工大学良乡校区的建设进度安排，实验室设备处/实验室与设备管理处统筹规划双校区的实验室建设和发展，积极推动良乡校区实验室规

划、建设与搬迁。

2006年，实验室设备处成立了良乡校区实验室建设及搬迁工作小组，在良乡校区管委会和相关学院及实验室的大力支持下，按照学校良乡校区建设进度计划，积极推动良乡校区教学实验室的规划和建设工作。2006年组织并制定了《良乡校区一期实验室建设搬迁方案》和《良乡校区一期实验室房屋分配方案》，明确分工，责任到人；2007年，积极争取经费1 234.14万元支持良乡校区2007—2008学年7个实验室的建设与搬迁，全面保障了良乡校区本科生一年级实验教学的顺利进行。2008年，深入调研，组织规划学校良乡校区二期实验室建设与搬迁工作。按照学校良乡校区建设总体安排，与有关部门、学院一起，加强组织协调，制定了良乡校区二期物理、基础化学、基础力学、电工电子、计算机等5个教学实验教学中心的建设与搬迁方案，落实了相关实验室的建设和搬迁经费，有效保障了良乡校区一、二年级学生实验教学的顺利开展。2009年，充分考虑良乡校区二年级部分专业学生升入三年级时的教学实验条件困难的实际问题，详细调研、协调沟通，筹措经费，解决实验地点和条件困难，做好了课程实验的转换衔接。

良乡校区实验室规划建设

良乡校区实验室规划建设（续）

在科研实验室建设方面，1993—2003年，学校建成了包括国家重点实验室、国防科技重点实验室、教育部重点实验室、北京市重点实验室在内的一批高水平的科研实验室。特别是在爆炸技术、装甲车辆、雷达技术、引信火工品技术、定位导航技术等学科领域的实验室建设有了长足的发展，产生了一大批高水平的科技成果。学校在多管火箭、电动车、装甲车辆、卫星信息系统、军用车辆定位导航等领域研制的一批产品装备了部队。同时，学校注重联合实验室建设，通过提供科学研究和技术支持，获得国内外企业的资金和设备支持，有效地实现了产学研的有机结合。

4. 软件硬件双手抓，提升实验室现代化水平

（1）积极采取措施多渠道筹措资金，软件硬件双手抓，加强各级各类实验室的建设与管理。

2006—2009年，充分利用实验实习费、实验室修购专项等各类投资，加大力度改善学校实验室基础设施环境，更新仪器设备，营造学校实验室文化氛围，发挥实验教学示范中心的辐射作用，重点加强教学基础环境和实验教学条件建设。2007年，实验室设备处统一制作了实验室名称标牌，统一印制实验室管理规章制度等6 000余块展板。2009年深入调研，完成了良乡校区心理咨询中心、计算机实验教学中心、物理实验教学中心、电工电子实验教学中心的实验室改造、文化氛围建设以及验收工作；同时，加大力度抓执行，完成修购专项经费约1 300万元，完成实验实习费等实验室工作经费的审核划拨执行共计510万元，大大改善了学校实验室环境条件，有效提高了实验室软硬件水平。

2010年，加大力度抓好实验室条件改造和环境建设。执行完成学校用于实验室建设的修购专项经费约1 300万元，改善了学校实验室环境条件，特别是针对新成立学院和基础类实验室进行了重点建设，更新了部分设备，有效提高了实验室软硬件水平。同时完成实验实习费、教学用电费等实验室工作经费的审核划拨执行共计510万元，保证了学校实验实践教学工作的正常开展。根据各学院所申报的良乡实验室实验技术人员工作情况，按时完成津贴发放29.92万元，做好了分校区教学工作的保障工作。

2012年，深入调研、统筹安排，做好实验室运行保障工作。根据学校总体要求，当年有七个学院的本科三年级学生将留在良乡校区学习，这对良乡校区的实验教学资源提出了新的要求。通过深入调研，统筹安排，集中力量对良乡校区计算机实验教学中心进行了大范围的条件改造，对电工电子教学实验中心、数学实验中心等做了必要的条件改善，协调了人文、经管等学院的实验教学需求，确保了良乡校区实验教学工作的开展。2012年度，共计完成实验实习费420万元、电费120万元等日常运行经费的审核与拨付；根据各学院所申报的良乡实验室实验技术人员工作情况，按时完成津贴发放

29.92万元。

随着信息化技术、水平的不断迭代,持续加大信息化建设力度,加快信息化管理平台建设。2009年10月,实验室与设备管理处构建了新的网络信息工作平台,重新购置了高性能的硬件设备,邀请专业人员优化软件环境并托管于专门的网络机房,在硬件、软件及环境几个方面做了大量的更新与改进。随着该工作的完成,处网站、网上报账系统等信息平台及办公自动化系统的运行效果得到明显改善,有效提高了工作效率,极大地增强了数据信息的安全性。2010年,由"985工程"专项资金所支持的设备智能管理与网上实验室综合系统开始启动建设,完成了虚拟实验室体系的顶层设计,搭建了虚拟实验室管理平台软硬件基本环境,建成了依托于自动化学院和生命学院的数个主题明确的虚拟实验项目平台。

2013年,以改变传统的管理模式为基础,通过智能网络化管理手段实现全校实验室的信息化建设。一是构建处内综合管理平台,将各个科室的业务有机地结合起来,通过单击登录门户,实现科室之间数据的全面共享,形成一个完整的业务链,有效地解决跨部门的信息整合,完善了业务管理体系。二是构建实验室综合管理平台,将实验室的实验课程管理、实验设备管理、实验人员管理、实验开放管理、实验门禁管理、学生作业管理等业务流程实现一体化管理,打通业务部门与学院、实验室各自独立的管理模式,逐步实现管理工作的网络信息化一站式服务。处内各科室业务功能信息化模块建设成效显著,反响良好。在做好全校统一管理的同时,也注重结合院系一级设备管理的实际需求,帮助基层方便实现设备管理集中或分散模式,实现标准化与个性化的结合。

积极总结实验室建设与管理研究成果,开展实验室研究工作,通过充分发挥顾问咨询机构作用,为实验室建设与管理出谋划策。2007年,进一步总结学校实验教学方面形成的传统和特色,编辑印刷了《实验室开放成果精选》《实验教学示范中心建设成果》和《实验室概览》。

实验室建设与管理研究成果

2011年，开展实验室建设与管理政策、机制、措施等方面的研究工作，积极探索有效的实验室管理体制机制。同年，还筹备设立了实验室建设专家咨询委员会，建立实验示范中心主任研讨会制度，并组织召开了相应的专题会议。为学校实验室建设和发展建成了智囊机构，这能够有效地发挥群体智慧，成为实验室工作的重要助推力量。

2012年，设立了自制改制仪器设备和实验室建设管理软课题研究项目，以鼓励各类研究工作的开展。本项工作共收到基层单位申报近200份，通过校内评审，最终对23个软课题项目和40项自制仪器项目予以立项支持；继续实施设备智能管理和网上实验室专项建设项目，进一步完善了网上实验室硬件基础平台的搭建工作，依托信息学院、计算机学院和机车学院构建了数个虚拟实验平台。

2013年，推动实验室研究项目开展，做好项目管理工作。为了进一步加强实验室业务水平的提高，积极推动获批立项的仪器设备自制改制研究项目和实验室建设管理软课题研究项目的开展，做好项目的进度管理、经费核算及项目结题整理工作。

（2）抓住评估契机，"以评促建，以评促改"，持续推动提升实验室建设与管理水平。

2006—2009年，学校先后迎接了本科教学评估和研究生教育优秀工程评估，结合迎评各项指标要求，对实验室相关工作进行了全面系统的总结，并以此为契机，进一步深化实验教学改革，对实验室环境进行了改善，硬件条件进行了更新。

2006—2007年，实验室设备处按照本科教学评优工作指标体系的相关要求，统筹安排，全面准备，突出重点，明确分工，责任到人，全力以赴地按照各项准备工作规定的时间节点，有序地推动相关各项迎评工作的顺利开展，包括编写有关实验室工作内容自评报告，着手有关实验室和教学科研仪器设备的基础数据统计和各项支撑材料、背景材料的收集、整理、归档等工作，确定学校本科教学工作水平评估专家组集中考察路线安排，并制定了详细的《本科教学工作水平评估专家组集中考察路线接待方案》。上述工作的开展对于学校顺利通过本科教学评优起到了重要作用。

评估专家组集中考察实验室

评估专家组集中考察实验室（续）

2009年，圆满完成学校研究生教育优秀工程评估中实验室与设备管理方面的迎评工作。根据工信部研究生教育优秀工程评估方案及其指标要求和我校工作计划，实验室与设备管理处在迎评工作中紧密配合研究生院等相关部门，完成了有关实验室和教学科研仪器设备的基础数据统计和各项支撑材料、背景材料的收集、整理、归档等工作。同时，对学校5号楼的标识标牌系统进行了设计制作安装；对各学院的相关实验室基础设施环境进行了改善、学术文化氛围进行了营造，统一印制实验室主题以及管理规章制度等1 000余块展板，并负责安装至每一个实验间。实验室与设备管理处负责学校研究生教育优秀工程评估专家组集中考察路线安排，经过预选、筛选、调整、优化、确定等多轮的现场考察、反复论证、综合对比，最终确定了专家组集中考察路线安排，并对集中考察涉及的实验室重点经费投入和环境整治，确保专家组集中考察取得良好效果。同时，实验室与设备管理处还为研究生教育优秀工程评估专家组配备了进校考察期间的计算机等办公设备。"研究生实践基地"等保障建设项目金额小、数量大、涉及单位多，面对此种情况，克服时间紧、任务重等困难，合理规划，积极调配人力资源，配合项目管理部门，组织并协调项目建设单位，在保证符合法规要求前提下，圆满完成了相关保障项目的采购任务，为研究生教育评优做好了基础保障工作。

（三）统筹谋划，多举措推动实验室开放

学校对实验室开放和仪器设备共享工作常抓不懈，多措并举促进实验室

开放的力度、广度和深度。

十年间，继续做好实验室开放工作，加大实验室开放力度。学校除了设立开放实验专项基金用于支持实验室开放，同时，学校充分利用信息网络手段加强实验室开放科学管理。学校研发了开放实验计算机选课系统，编写了开放实验计算机选课系统"管理员、教师使用和学生使用说明书"。在每学期期末发布开放实验研究课题目录，教师、学生可以充分利用选课系统进行双向选择。学生根据自己的兴趣、爱好及今后自身发展需要，在本学科或跨学科、跨学院、跨专业任选课题进行研究，也可以自带课题进入开放实验室。教师可以通过开放实验选课系统有针对性地选择符合开放课题要求的学生进行实验教学改革和科研课题研究。截至2008年，可向本科生开放的实验课题数达400多个。

此外，学校采取有效措施，调动学生参加实验室开放工作的积极性。对参加开放实验中表现突出的或完成具有独创性成果的学生，经两位指导教师考核和推荐，经实验室工作委员会专家组认定后，作为优先保送研究生和评审奖学金的条件之一。这极大地促进了实验室开放工作的开展，学生报名十分踊跃。2005—2008年，有8 555名学生参加了开放实验课题研究。十多年的实验室开放实践，使学校的实验室开放工作已经逐步进入"有计划培养、专家教授指导、阶段性研究课题"培养模式的新阶段，为学生实现知识、素质和能力的协调发展创造了条件，使学生在本科期间就能较早地进入科学研究领域，学习先进的科学技术，在培养创新人才方面发挥了重要作用。

2009年，重点加大良乡校区实验室开放力度。良乡校区在当年共开设开放实验课程77个（而上一年仅开设5个开放实验课程，增幅很大），占全校开放实验课程总数的36%，参加开放实验学生1 657人，占全校总参加学生人数的65%。2010年，进一步加强实验室对本科生开放，当年共开出实验室开放课程164门，涉及全校10个学院，参加学生3 499人。良乡校区实验室开放课程参加学生数量进一步提高，共开设课程70门，参加学生1 891人，良乡校区开放实验室的课程和参加人数已占到总量的43%和54%。2011年，注重在实验室开放深度和广度两个方面的拓展，并着力扩大开放实验的学生受众面，通过与基础教育学院的合作，加大了实验室开放的宣传力度，并加大对优秀开放实验项目和优秀开放实验室的支持力度以鼓励实验室的开放。2011年共开出实验室开放项目146个，涉及全校12个学院，参加学生3 899人，相对2010年度学生参加人数有一定的增加。

2012年，优化管理、加大力度，持续做好实验室开放工作。实验室开放是一项需要常抓不懈的工作，在2012年度实验室与设备管理处注重优化管理细节，并加大对优秀开放实验项目和优秀开放实验室的支持力度。当年共开出实验室开放课程126个，参加学生3 421人次。

2013年，为了提高实验室开放工作质量，对开放实验室工作的部分环节进行了改进，完善了项目审核选拔制度，并依照新的工作流程开发了实验室开放管理系统。按照各项目时间节点，完成了开放实验项目的征集、选拔、结题和项目资金拨付工作，高质量保证了实验室开放工作的顺利进行。当年实验室开放工作共计完成项目94项，开放总学时2 889学时，参加开放实验学生数达到2 525人次。

（四）强化培训激励，多维度提升实验队伍建设水平

明确岗位职责，重引进选拔培训，构建流动机制，强化激励考核，多维度提升实验队伍整体素质和建设水平。

2005年，实验室设备处起草了《北京理工大学关于加强实验技术队伍建设的实施意见》，明确了实验技术队伍建设的思路：一是统一思想，提高认识，把实验技术队伍建设摆到重要的位置；二是科学定编，合理设岗，明确实验技术队伍的岗位职责；三是突出建设重点，切实做好实验室主任的选拔和考核工作；四是注重引进，促进流动，建立灵活高效的用人机制；五是加大经费投入，拓宽培养渠道，提高实验技术队伍的综合素质；六是建立激励机制，完善考核体系，充分调动实验技术队伍的工作积极性。此实施意见对加强实验技术队伍管理起到了非常重要的作用。

为了有效提高实验技术人员的自身素质，改良创新实验教学方法和实验室管理手段，进一步提升实验室队伍的整体水平，增强实验室的内在实力，2011年，实验室与设备管理处通过认真策划，争取了"985"专项资金用于开展实验室队伍的培训工作，全年派出10个批次30余人次外出调研并支持了3篇论文的发表。同年，学校首次启动了非事业编制实验技术人员的招聘工作，实验室与设备管理处配合人事处，完成了各学院非事业编制实验技术人员的

需求收集、审核和配置工作，对实验室队伍作了重要的补充。

2011年，首次开展全校实验室队伍的培训工作。2012年，深度调研、合理规划，积极开展实验技术队伍建设与管理工作。通过数据搜集、深入调研、意见反馈等环节，摸清教辅人员目前情况，通过合理规划，完成了学校2012—2015年教辅人员编制核定工作。积极开展实验教学骨干队伍的培训工作。精心选拔部分实验室人员赴兄弟高校调研，参加各种交流活动，当年共派出10个批次20余人次外出交流及调研。

2013年，探索尝试、着力创新，加强实验技术队伍建设与管理工作。为了加强实验技术队伍建设，提高实验技术队伍素质，解决实验技术队伍建设管理中存在的痼疾，从实验技术人员定编定岗、岗位核定、职称评聘、考核管理、激励手段等各个方面进行了深入和广泛的研究，基本形成了加强实验技术队伍建设的制度框架体系，初步完成了相关系列文件的草拟工作。配合人事部门，完成了实验技术人员聘任的岗位核定和聘任工作，当年共计补充实验技术人员50人，其中事业编制10人，非事业编制40人。

（五）创新管理模式，全方位做好分析测试中心建设工作

2012年，经过"985工程"二期的投资建设，学校分析测试中心按照预期的建设目标，圆满完成了建设任务，达到了规划设计要求。同时，本着"边建设、边使用、边发挥效益"的原则，整合资源、精心谋划，依托学科，积极开展科学研究和创新人才培养。积极推动分析测试中心建设项目验收工作，全面配合各相关学院做好仪器设备到货后的安装、调试、转固定资产等工作，加强多方的沟通与协调，及时有效地解决验收过程中遇到的难题，确保分析测试中心建设项目的顺利验收，并完成了分析测试中心建设项目总结报告的编写。

2013年，进一步梳理分析测试中心的组织结构，明确各自的职责分工。中心以冲击环境材料技术国家级重点实验室、国家阻燃材料工程技术研究中心、原子分子簇科学教育部重点实验室、生物分离分析北京市重点实验室、化学电源与绿色催化北京市重点实验室为实体依托，体现学科交叉融合，仪器设备资源的完全共享；同时，创新管理模式，采取相对集中、统一管理、分散运行的运行管理模式，初步形成了具有可视度的对外开放的科技创新服

务窗口，成为支持学校学科发展的教学与科研的基础平台。提升分析测试中心的文化氛围和硬件条件建设。对分析测试中心（包括中关村校区、良乡校区、西山实验区）的内部环境进行了改造，制作了50余块分室门牌，100余块规章制度、操作流程展板，大大改善了中心的环境条件。中心内具备安装条件的仪器设备均依据仪器本身的特性分别安装了电脑、电源或门禁控制器，结合不同的需求安装了实时监控系统，构建了网络化的内部综合管理平台和中心网站，全面推进中心对内、对外的宣传和开放力度。

二、健全管理制度，严格规范仪器设备购置与管理流程

（一）规范高效，认真履行仪器设备采购职责

在仪器设备购置过程中，实验室设备处遵循"简化采购程序、加快采购进度、明确采购纪律、提高采购质量"的原则，科学规划，合理安排，精心组织，注重加强采购纪律，规范采购程序，严格按照学校项目管理部门审批的仪器设备购置计划组织实施，确保了学校预算执行工作的顺利完成，最大程度地发挥了学校资金的使用效益。

一是依照法定招投标程序和政府采购方式，按计划、高质量地完成学校各建设项目的采购任务。二是本着认真负责的态度，加强与项目管理部门和项目建设单位的沟通、落实项目管理责任制的基础上，精心组织实施各项目仪器设备采购工作。三是坚持宣传、贯彻国家、上级部门和学校仪器设备采购相关的政策法规，规范采购流程，提高采购效率。四是进一步改进管理方式和方法，整合采购程序，减少审批环节，公开办事程序，加强采购纪律，积极推进建设项目的仪器设备采购工作。

按照保障条件建设项目的工作进度要求，严格依据项目管理部门审批的采购实施计划，依照法定的招投标规程和政府采购规定的采购方式进行采购事宜，高质量完成了"985工程""211工程""条件保障工程""高新工程""修购专项"，奥运场馆改造工程，中关村校区、良乡校区基本建设项目等学校各建设项目的采购任务。同时，在合法合规的前提下，合理采用采购方式，提高采购效率，认真研究和充分利用国家政策，提高资金利用率，为学校节约大量资金。

2005年，为了加强对仪器设备及大宗物资采购工作的管理，降低采购成本，提高财政资金的使用效益，实验室设备处出台了《北京理工大学大宗物资采购管理及招投标管理暂行规定》《北京理工大学仪器设备类物资采购管理办法》，明确了大宗物资及仪器设备采购的职责分工、工作程序等相关要求，为物资采购工作提供了相关政策依据。

2009年，共计完成仪器设备采购任务14 718.1万元，其中，"条件保障工程"采购金额为6 100万元，"985工程"二期采购金额为4 353.3万元，"211工程"三期采购金额为1 760.8万元，基建类仪器设备及学校临时性采购任务完成金额2 504万元；采购进口仪器设备签约金额为663万美元（约合人民币4 542万元），共签订外贸合同118份，申请减免税金额达到1 045万元。2010年，完成"条件保障工程""985工程""211工程"等各类建设项目采购任务3.86亿元，其中进口仪器设备签约金额为2 015万美元，申请减免税金额达到3 015万元。2011年，共计完成仪器设备采购任务3.28亿元。其中，通过招投标采购方式执行的项目共计1.97亿元，占总采购金额的60%。进口仪器设备签约金额为1 890万美元，为学校节省进口关税、增值税近2 782万元。2012年，共计完成学校仪器设备采购任务约9 952万元，其中，通过招投标采购方式执行的项目约6 225万元，占总采购金额的62.6%。进口仪器设备签约金额约718万美元，为学校节省进口环节关税、增值税约950万元，保证了学校各

仪器设备采购相关资料

类经费的使用效益。2013年，共计完成学校仪器设备采购任务约12 195.69万元，其中，通过招投标采购方式执行的项目约6 585.86万元，占总采购金额的54%。进口仪器设备签约金额约443万美元，为学校节省进口环节关税、增值税近630万元，保证了学校各类经费的使用效益。

（二）强化监管，推动仪器设备管理精细化、规范化

随着教学科研仪器设备的不断增长，对于仪器设备管理的难度也逐年加大。原有的仪器设备管理模式已经不能适应新的管理需求，亟待信息化的管理手段来加强对仪器设备的科学规范管理。2008年，实验室与设备管理处设计开发了"专项投资项目及仪器设备综合管理平台"。该平台实行了从仪器设备购置计划到仪器设备采购、验收入账、修改调拨直至报废的全生命周期管理，开启了仪器设备管理网络化、智能化、信息化的新历程。

（1）按照"完整、准确、及时"的原则，完成仪器设备的账务管理工作。

随着高等教育的发展，国家和学校逐步加大对仪器设备类固定资产的投资，截至2013年年底，全校仪器设备类固定资产94 868台套，价值25.40亿元，其中40万元以上的大型仪器设备1 100多台套。2007—2011年五年间，全校仪器设备新增45 135台套，价值12.38亿元，占仪器设备总值的48.7%。仪器设备逐年地增长变化，对于提高学校教学科研水平，提高人才培养质量，促进学科建设，提升办学效益等方面发挥了不可替代的重要作用。

（2）完善管理制度，确保仪器设备管理有章可循、有法可依。

为了加强仪器设备管理，充分发挥建设资金的投资效益，2005年，实验室设备处出台了《北京理工大学仪器设备管理办法》，对仪器设备范围、购置和验收、账物管理、运行管理、处置等仪器设备管理流程提出了明确的规定和要求。

2013年，为了强化全方位资产管理视角，加强对材料、元器件及低值品管理，实验室与设备管理处专门起草了《北京理工大学材料、元器件及低值品管理办法》。

（3）注重创新，通过信息化手段，全面提升仪器设备管理效率和管理水平。

为了方便师生，提高管理效率，2009年，全面启动了仪器设备网上报账系统。2011年，为了加强对低值易耗品、消耗材料和免建固定资产的管理，利用现代化的管理手段，开发了网上登记系统。该平台的搭建遵循了智能化、人性化、简约化的原则，改变了现场登记审核盖章的低效管理模式，实现了网上申报、网上审核、网上盖章的高效管理模式，缩减了老师的办事时间，提高了办事效率。通过该管理平台生成的"北京理工大学材料、元器件及低值品入库单"，设计了加密水印章，作为财务处网上报账的基础资料，与网上报账单形成一套完整的财务报销手续，确保了财务管理流程的有效性。当年低值易耗品、消耗材料及免建固定资产达到1.47亿元。2013年，加强固定资产管理平台的日常维护工作，确保平台运转良好，并结合实际工作对平台的功能进行升级和更新，以更好的适应工作的新需求。为了掌握仪器设备的运行状况，摸清家底，提高仪器设备的精细化管理水平和推动学校仪器设备开放共享工作，经过精心充分的准备，全面启动了学院范围的仪器设备核查工作以及体现学校历史发展具有收藏和历史价值的仪器设备的回收工作。

低值易耗品管理系统

(4)强化资产监管,开展仪器设备类固定资产清查工作。

2007年,学校组织并成立了仪器设备和交通运输类固定资产的资产清查工作小组,并起草了《北京理工大学仪器设备类资产清查工作实施细则》,提出了"以账查物、以物对账、见账就清、不重不漏"的清查原则。截至2006年12月31日,清查仪器设备类固定资产数据如下:全校仪器设备总资产81 742.0万元、53 703台套;其中,在用仪器设备78 725.0万元,48 509台套,报废仪器设备2 999.0万元、5 174台套,盘亏仪器设备18.0万元、20台套。在全国行政事业单位资产清查专项核查工作组到校核查的过程中,积极配合核查组工作,工作成绩得到了核查组的充分肯定,并顺利通过核查。

2007年资产清查专项核查工作会

(三)突出重点,深入推动贵重仪器设备的效益考核和开放共享

(1)完善贵重仪器设备管理制度,推动贵重仪器设备考核。

为了使贵重仪器设备效益考核有章可循,2004年,实验室设备处出台了《北京理工大学贵重仪器设备效益考核办法》,从考核范围、考核标准、考核程序、奖惩、日常管理等方面规范了贵重仪器设备效益考核工作。2005年,为了进一步加强贵重仪器设备的管理,充分发挥其使用效益,保障学校教学、科研、学科发展、人才培养的顺利实施,制定了《北京理工大学贵重仪器设备管理办法》,明确了贵重仪器设备范围、购置、验收、使用和管理、考核和奖惩、调拨和报废等管理流程。

十年间,实验室设备处/实验室与设备管理处连续组织编印《贵重仪器设备年度考核评价通报》,通过效益考核加强对贵重仪器设备的管理,在很大程度上推动了贵重仪器设备开放共享。同时,通过整理和分析大型贵重仪器设备的使用和分布情况,加强宣传、建立渠道,积极鼓励和推进大型贵重仪器设备使用和共享开放。

(2)推动贵重仪器设备信息化建设,促进贵重仪器设备开放共享。

为了提高贵重仪器设备的管理效率,推动开放共享,2009年,实验室与设备管理处着手开始贵重仪器设备共享系统等新平台的设计开发。2010年,积极组织申报教育部关于"高等学校仪器设备和优质资源共享系统"的改革立项项目,完成了"北京理工大学大型仪器设备平台校际互通"等四个项目的申报,2011年启动实施。同时,结合大型贵重仪器设备的开放工作,全面更新了仪器设备开放平台,部分实现了对校内外的开放共享。执行"985二期"专项建设"分析测试中心"经费3 500万元,完成设备招标和管理运行模式设计。同时以建立分析测试中心为试点,与学校资产经营公司共同探索设备资源共享新机制。

虽然"家底"厚实了,但是仪器设备资源的有效利用还存在不尽如人意之处,比如管理体系不够健全、开放共用的力度不够、信息化手段落后、共享程度差、技术人员能力参差不齐。针对这一制约学校发展建设的重点问题,2011年,实验室与设备管理处开始集中力量建设了"北京理工大学仪器设备开放共享平台",该资源共享平台统一标准,构建了清晰的仪器设备共享管理体系,即仪器设备预约管理系统、授权管理系统、计费管理系统、效益统计管理系统,并通过预约、授权、计费三大模块,实现了大型仪器设备信息发布、计费制定、用前预约、刷卡签权、实时扣费、财务结算、绩效统计等多元化、自动化的管理,此外还安装了视频监控系统,实时了解监管贵重仪器设备的使用情况。该平台的运行,在各学院和基层实验室引起了普遍的关注,反响积极。

2012年,进一步完善大型贵重仪器设备开放共享系统,对系统的界面及各项功能进行了更新,仪器设备信息进行了全面补充,入网的贵重仪器设备总计237台套。以大型贵重仪器设备开放共享平台的建设为契机,大力推动仪器设备优质资源的开放共享。继续实施贵重仪器设备效益考核通报工作,为贵重仪器设备全面的开放共享提供数据支撑,完成了2012学年贵重仪器设备年度考核评价材料的收集和编辑工作。

贵重仪器设备开放平台截图

纳入贵重仪器设备开放平台的设备

2013年，本着实现仪器设备资源化使用，充分发挥仪器设备的资源效益的原则，继续加强大型仪器设备开放共享平台的信息化建设，推动大型仪器设备的信息入网工作。全校各类分析测试类设备已有300台套40万元以上的大型仪器设备入网对外开放共享，部分仪器设备进入了首都科技平台、中关村科技条件平台以及良乡高教园区智慧城科技园。同时，也为学校协同创新中心资源整合提供了优质的基础条件服务平台。

（四）协同联动，高质量完成仪器设备相关评价验收工作

（1）高质高效完成了体育馆奥运工程设备改造建设，提高了资金利用率。

2007年3月16日，学校领导指示，由实验室设备处承担体育馆奥运工程设备改造建设。实验室设备处按照国家法规和上级单位相关规定，严格程序，确保负责的建设项目符合"阳光工程"要求，圆满完成了体育馆奥运工程设备改造6项建设任务；签约金额为356.7万元，相比设计概算559.6万元，节资率达到36.26%，贯彻了党中央提出的"节俭办奥运、廉洁办奥运、开放办奥运"的方针。

"好运北京"2007年国际盲人门球邀请赛

（2）积极配合科研院完成"两证"申请中仪器设备管理相关申报、迎评工作。

2007年，按照学校《武器装备科研生产许可证》和《装备承制单位资格证》申请工作的要求，积极准备材料，协助做好前期的申报工作：完成了元器件采购合格供方质量评价，建立了科研生产维修设备台账、检定计量设备台账，完成了危险源控制评价、安全生产教育和培训等安全生产、环境保护、职业卫生相关材料的准备工作，保证了"两证"申请顺利通过。

"两证"申请相关材料

"安全生产"守法证明

"环境保护"守法证明

2009年，做好军工产品的质量体系认证管理工作，共为20多个生产点和科研小组进行了170多台套设备的计量、检测等工作，完成了245台套检定设备的网上信息的录入、检定合格标签的发放，监督检查计量仪器设备的运行使用情况，确保检定计量设备100%的合格率。2010年，配合学校生产、质量体系管理部门，完成了学校科研生产与质量体系所涉及的外购管理和科研生产用仪器设备的管理检定工作，顺利通过了质量体系的三方审核。依据国防科工局印发的《军工关键设备设施登记管理办法》的要求，对学校全部涉及军工关键的设备实施了登记，按照要求完成了共计85台套，原值总计7 458.24万元设备基础信息的上报工作。

（3）积极准备，协同配合，圆满完成仪器设备总结验收工作。

2006年，精心组织，圆满完成"十五""211工程"仪器设备总结验收工作。

2008年，完成了学校固定资产投资项目验收的相关工作。根据学校工作安排，完成了学校2008年上半年的固定资产投资各建设项目仪器设备采购任务和"高新工程"项目的环境保护、劳动安全和职业卫生的专项验收工作，认真汇集整理相关资料，做好项目完成情况的数据统计分析，为固定资产投资项目顺利通过验收提供条件保障。

2009年，完成了学校固定资产投资项目验收的相关工作。根据学校工作安排，协同学校相关部门完成了学校2009年的固定资产投资各建设项目仪器设备采购任务和"条件保障工程"项目的环境保护、劳动安全和职业卫生的专项验收工作，认真汇集整理相关资料，做好项目完成情况的数据统计分析，为固定资产投资项目顺利通过验收提供条件保障。2009年4月，配合学校财务、规划等部门在完成了学校"985工程"二期建设项目仪器设备采购任务基础上，认真汇集整理相关文件资料，做好相关数据统计分析，总结项目建设经验，提炼标志性建设成果，为下一步财政部、教育部组织的专项验收做好了充足的准备。

2010年，积极配合完成了学校固定资产投资项目验收的相关工作。根据学校工作安排，协同学校相关部门完成了学校2010年度验收项目的仪器设备采购、财务审计和档案验收任务，牵头进行了项目环境保护、劳动安全和职业卫生的专项验收工作，为相关项目顺利通过验收提供条件保障。配合相关部门进行了国防科技及教育部重点实验室的申报工作。

2011年，根据学校工作安排，协同学校相关部门高质量完成了学校"十五"期间体育文化综合馆、研究生教学楼等基础设施建设项目的竣工验收工作；认真汇集整理相关资料，完成了BSQ保障条件建设项目、"125工程"、良乡校区基建项目、校本部基础设施改造工程、"985工程"二期条件支撑建设等项目的审计验收工作。积极配合学校建设项目牵头的管理单位，通过组织协调会、勘查现场、督促整改等工作，圆满完成了DL，CD，BSQ，"125"等条件建设项目的环境保护、职业卫生、安全的专项验收以及"985"工程二期的专项审批工作。

2013年，根据学校整体建设项目要求，配合火炸药研究院完成了某基础条件建设项目的财务中期检查工作和招投标专项验收前的准备工作，同时配合发展规划处和基建处等相关职能部门完成了"9021"建设项目和良乡校区基础建设项目的验收工作，其中良乡校区基础建设项目4项，涉及单体楼宇12个，项目投资总额达6.21亿元。经过各部门密切配合，两个项目均顺利通过工信部检查组验收。

（4）配合各相关部门数据统计报送工作。

完成教育部实验室信息统计报表、年度中央行政事业单位国有资产年度决算报表、工信部人事教育司资产统计报表、科技部和财政部组织的国家重点科技基础条件资源调查表的报送工作，以及为校内相关部处单位提供有关仪器设备的各类统计数据报表。

三、完善责任体系，提升实验室安全管理水平

（一）健全安全生产制度，完善安全责任体系

（1）以制度建设为基石，提升安全管理水平。

2004年，为了进一步加强学校实验室的技术安全和环境保护，实验室设备处制定了《北京理工大学实验室技安环保检查制度》，构建了实验室技安环保监督检查体系，明确了实验室技安环保监督检查内容以及检查要求，建立了较为系统的技术安全和环境保护监督检查体系和运行机制。

为保障学校师生在实验室教学科研过程中的人身安全和国家财产安全，进一步规范实验室的安全管理工作，避免发生安全事故，2005年，实验室设

备处制定了《北京理工大学实验室安全管理条例》。该条例对实验室人员安全职责、实验室规章制度和操作规程、危险品安全管理、特种仪器设备管理、实验室环保卫生、实验室用电安全、实验室消防安全、实验室房屋装修以及定期巡查和日常检查、奖惩等做了较为系统全面的要求。同年，为进一步加强学校危险化学品的安全管理，保护全校师生的生命安全和学校财产安全，加强环境保护，制定了《北京理工大学危险化学品安全管理规定》，明确提出了构建危险化学品安全管理责任制，危险化学品的购买、储存、处置、使用和生产、安全措施，奖励与惩罚等方面的相关要求。

2005年，实验室设备处同时制定了《北京理工大学特种设备安全管理规定》《北京理工大学放射防护管理规定》《北京理工大学废弃化学试剂处理管理规定》《北京理工大学劳动防护用品管理规定》等四项制度，对加强特种设备、放射防护、化学试剂处理、劳动防护用品等管理工作提供了工作依据和政策保障。

2013年，实验室与设备管理处制定了《北京理工大学安全生产工作条例》（校长令第85号）。该条例是全国高校的第一份责任体系文件，后在教育部科技司和全国高校实验室研究会的推动下，推广到全国各大高校。这是学校第一份安全生产纲领性文件，建立健全了全校横向到边、纵向到底的安全生产工作体系，明确提出了安全生产的保障措施以及安全生产监督检查、事故应急救援和调查处理的工作方法，用以指导全校各级人员的安全生产工作。《北京理工大学安全生产经济奖惩实施细则》首次明确安全生产奖惩标准，提高了全员安全生产意识，推动安全生产工作条例各项要求的有效落实。

《北京理工大学安全生产工作条例》

《北京理工大学安全生产经济奖惩实施细则》

（2）强化责任意识，完善安全责任体系建设。

2008年年底，学校进行了大规模的中层领导班子调整换届工作，为使安全工作不断线，实验室与设备管理处在组织召开的四次全校实验室工作会议上重点强调了安全生产工作，要求各学院实验室工作负责人要树立高度安全责任意识，尽快进入管理角色，认真履行安全监管职责，指导各学院重新建立了本单位自上而下的实验室安全工作责任体系，加强内部的安全生产管理制度建设、危险点识别及操作规程建设等工作。各学院和独立单位逐步完善本单位的安全生产工作体系，制定本单位的安全生产奖惩办法，加强本单位危险点的目标管理，逐步推动安全生产责任重心层层下移，提高了学校的安全生产保障能力。

2013年，组织学校主管安全生产的领导与63个部处级单位签订了安全生产责任书，结合"业务工作谁分管、安全工作谁负责"的原则，明确了各单位安全生产工作的基本职责和附加职责，为学校安全生产工作的推进与开展奠定了基础。以此为基础，学校的安全隐患排查治理、安全生产培训、安全生产规章制度建设、整改经费落实等各项工作得以深化。

（二）加强隐患排查与治理，做好安全督查督导

2007年，首次建立了"实验室安全检查通报"制度，全年共下发了实验室安全检查通报17期，下发隐患整改通知单14份；组织三次全校实验室安全大检查，相关部门对安全隐患提出了治理意见和治理方案，及时有效地处理各项隐患。该做法在全国许多高校中得到了推广。

2007年实验室检查制度及检查通报　　　　2007年隐患整改通知单

隐患整改治理方案

2008—2013年，实验室与设备管理处每年召开校级安全生产会议6次以上，开展了由专家和学校安全管理人参与的常规例行安全检查9次以上，下发了实验室安全检查通报9期以上，落实安全生产隐患治理，组织开展了特种仪器设备申报登记、年检和特种作业人员培训工作，完成了学校交办的校园避雷装置年检、放射性场所退役检测工作、老工伤人员重新确认和工伤评残申报等工作。配置通风试剂柜、气瓶防倾倒架，每年投入安全管理经费200余万元。每年多次接受工业和信息化部等上级部门组织的安全生产评估检查并获得好评，一些管理经验在工信部组织的安全工作会上进行交流。

（三）开展安全生产培训与教育，实施安全准入制度

2007—2014年，每年对进入实验室从事危险化学品实验的研究生开展实验室准入安全培训。经过学校和学院两级组织的实验室安全培训，并通过学校统一组织的考试后，研究生才具有进入实验室从事科研实验工作的资格。在学生进入实验室前，需要与导师和所在学院签署三方的实验室安全责任书。自2015年开始采用全校线上安全准入培训和考核。

安全准入培训考试

颁发实验室准入合格证

签署三方责任书

实验室准入合格证

2009年12月，学校对126名实验室安全管理人员和161名涉及火工品的从业人员进行集中安全培训和考核发证，24人取得工信部颁发的安全生产资格证书。2011年6月，组织全校二级单位分管安全的中层领导人员进行了安全培训、闭卷考试和考核发证工作。

2010年，针对国内颁布的安全生产标准基本是针对生产企业的情况，在北京市国防科工办的大力支持下，北京理工大学牵头完成了适合高校特点的危险化学品和危险仪器设备的安全生产标准课题研究，编制了高校实验室危险物品安全管理规程手册。

（四）注重实验室安全文化建设，加强宣贯，内化于心

2007年确定为实验室安全文化建设年，开展实验室安全文化建设，提出

了实验室安全文化建设思路和"育人为本,安全第一,全员提高,重在落实"的实验室安全文化建设理念;编印了《北京理工大学实验室安全文化宣传手册》;开展实验室安全文化口号征集活动;组织机械与车辆工程学院、材料科学与工程学院、生命科学与技术学院编印《实验室安全手册》;组织生命科学与技术学院拍摄了安全知识录像。

《北京理工大学实验室安全文化手册》

实验室安全宣传材料

实验室安全知识录像

安全手册及文化建设研讨会

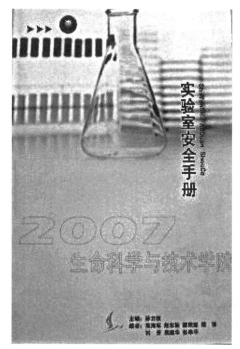

安全手册及文化建设研讨会（续）

（五）组织"安全生产月"活动，提升安全教育广度和深度

2004—2013年，每年组织开展"安全生产月"活动，着重突出"实效"与"创新"两个特点，在安全宣传、安全培训、安全检查、安全生产活动等方面做了大量的工作。在"安全生产月"期间，校领导分别带队检查分管领域的安全生产工作，加强了各单位对安全生产工作的重视，"安全生产月"活动的范围和深度逐步扩大，达到了安全教育的效果和目的。以2012年"安全生产月"为例，总计33个单位上报了"安全生产月"活动计划，64个单位签订了安全生产责任书，20个单位上报了"安全生产月"工作总结。

召开2007年"安全生产月"动员会

张贴安全生产主题宣传画

举办安全生产宣传咨询日活动

信息学院实验室安全工作会

生命学院举办消防演习

人文学院安全工作座谈会

外语学院组织实验室消防知识培训

"安全生产月"活动工作总结会

2007年"安全生产月"活动工作总结报告

"安全生产月"材料汇编

"安全生产月"活动图片

"安全生产月"活动图片（续）

实验安全检查通报

（六）做好实验室安全日常管理，保障各项工作有序开展

（1）做好节假日及特殊时期的安全保障工作。

2008年，认真贯彻落实学校"平安奥运"工作要求，积极采取有效措施，确保暑假及奥运期间的实验室安全。为保障暑假及奥运期间学校实验室安全，分别制定了《关于确保奥运期间我校化学品实验安全的通知》《关于加强暑假及奥运期间我校实验室安全工作的通知》和《实验室设备处暑假及奥运期间安全生产工作实施方案》，对暑假及奥运期间实验施行严格审批管理，并落实责任分工，对安全生产问题突出的实验室在暑假期间进行了巡回安全检查。通过开展全面细致的安全生产检查，发现和整治隐患问题。

2009年，按照"早计划、早部署、早检查、早整改"的工作思路，采取有效的工作措施，全面保证国庆60周年期间的实验室安全。

2011年，落实管理职责，协助完成了西山实验区的各项工作，包括西山实验区日常管理、安全保障与后勤服务，火炸药库安全改造、安全隐患治理、安防监控设施改造；同时，积极配合学校相关部门在火炸药库、枪支库的维修、污水处理站和雨水回收池的运行与维修以及环保项目验收、西山三期一批建设项目验收等方面做了大量的工作。

（2）切实做好实验室安全日常管理工作。

完成了22项建设项目的环境、安全和职业卫生的审批与验收，每周组织废弃化学试剂回收，组织开展特种设备年检、射线装置许可证办理、工伤认定、特种作业人员培训辐射许可证变更和年审工作，为学校安全生产保驾护航。

四、强化内部管理,优化服务质量

(一)发挥党支部战斗堡垒作用,深入基层调研

实验室设备处发挥党支部的战斗堡垒作用和党员的先锋模范作用,努力做好实验室建设与管理工作。自2002年开始,实验室设备处结合自身工作性质,建立负责人联系制度,根据人员调整情况及时调整《实验室设备处处长、科长联系学院制度》的责任分工,由党政联席会成员分别负责联系1~2个学院,深入基层调研,全面了解负责单位的情况,及时发现问题,反馈问题,解决问题,此项制度一直持续到2008年。

(二)加强内部管理,树立良好机关作风

在内部管理方面,依法行政,规范办事程序,强化服务意识,落实处内的管理工作、安全工作和廉政建设责任制,切实提高服务质量和管理水平。

自2007年以来,实验室设备处严格执行《实验室设备处行政公文处理办法》等内部规章,坚持推行《实验室设备处发文审批表》和《实验室设备处对外发布信息审批表》等内部管理方法,强化了处内管理制度建设。作为学校廉政风险防范管理工作的首批试点单位,持续坚持工作目标责任制和廉政建设责任制,进一步完善了关键工作环节的监督体系。处长与科长签订《实验室设备处党风廉政建设目标责任书》的同时,处长与采购人员也分别签订了《廉政建设责任书》,要求坚决贯彻"一禁止,五不准"准则,以强化反腐倡廉意识,树立正确的利益观。通过以上举措,切实达到了"强化工作职能,改进工作作风,规范办事程序,优化服务质量,提高管理水平,建设一支勤政、务实、高效、创新的管理团队,树立良好的机关工作形象"的目的,进一步提升了实验室与设备管理处的整体工作水平。

实验室设备处发文审批表

申请科室		承办人	
发文时间		缓急程度	
是否涉密	□是 □否	印 数	
文件内容	标 题		
	主题词		
主送单位			
抄送单位			
主办科室核稿			
综合管理科核稿			
主管处领导审核			
处长审批			

说明：此表适用于决定、公告、通告、通知、通报、报告、请示、批复、意见、函、会议纪要等文件。

实验室设备处对外发布信息审批表

申请科室		承办人	
申请时间		是否涉密	□是 □否
发布标题			
主送单位（上传栏目）			
抄送单位			
主办科室核稿			
处领导审批			

说明：此表适用于以处内名义对外发布各类文章、数据、简报等。

党风廉政建设责任书

五、加强资产管理，推进办学资源调整

（一）加强资产管理，确保国有资产增值保值

国有资产管理处积极配合上级主管部门，主动研究政策，统筹国有资产处置，加强资产管理信息化手段，提升管理能力，合理调剂资源，维护学校

利益，确保国有资产保值增值。

1. 按照相关规定做好资产管理的相关工作

2010年，按照上级部门的意见和办法，国有资产管理处制定了学校国有资产处置办法。全年上报公房、公车、设备、家具等处置资产6 300套（台、件），原值2 046万元。根据工信部批复，通过北京产权交易所，规范处置国有资产2 262套（台、件），核销资产1 008万元，处置收入全部上缴中央财政专户。同时，继续做好中关村校区、良乡校区和秦皇岛分校房屋、能源统计工作；完成工信部对学校公房出租（产业、后勤）的核定、国有资产年度决算编报、国有资产统计年报；完成良乡校区各学院公房使用面积复核，完成秦皇岛分校房屋实地盘点清查工作。

2011年，根据当年工信部国有资产处置管理办法中授权审批权限新规，修订学校国有资产处置办法，核准批复学校危旧公房、公车、设备、家具等报废处置资产8 561套（台、件），账面原值2 972.1万元。通过北京产权交易所，完成资产处置6 556套（台、件），核销账面资产原值892.5万元，资产残值收入按规定上缴中央汇缴专户。同时，开展撤销学院和新成立学院资产清查工作，确保国有资产不流失；参与学校国防科工局固定资产投资四个项目的竣工验收、工信部组织的学校研教楼和体育馆的固定资产建设项目竣工验收。

2012年，一是配合学校有关部门完成财政部、工信部、教育部等各主管部门的各类国有资产年度编报和配合学校各专项工作统计、汇总、分析、填报各类资产数据。二是推进资产管理信息化建设，提升管理能力。搭建信息管理平台，完成国有资产管理处网站及资产信息平台的数据转移工作，实现国有资产数据网络管理、核算、处置、统计工作，核对公房信息库基础信息，合理调剂校内固定资产。三是依据工信部国有资产处置管理办法中授权审批权限的规定和学校国有资产处置办法，核准批复学校危旧公房、公车、设备、家具等报废处置资产8 806套（台、件），账面原值4 364万元，流动资产修缮材料105 411件，账面原值67万元。全部通过北京产权交易所上市交易，完成资产处置6 163套（台、件），核销账面资产原值2 268万元，资产残值收入按规定上缴中央汇缴专户。对500元以下低值家具用具数据，从学校的固定资产台账中结转，由使用单位按低值易耗品台账加强管理，共结转21 496

件，账面金额499万元。四是配合科研院收回学校参股的朗拓公司在6号楼经营用房500m²，调整分配为自动化学院教学科研用房。实地盘点、核实有关专用设备等资产总额356万元，全部入账管理，确保国有资产不流失。五是完成学校基础设施和改造项目验收、5号教学楼和新食堂建设项目竣工验收，通过学校西山三期验收工作审核。

2013年，一是配合学校有关部门完成财政部、工信部、教育部等各主管部门的各类国有资产年度编报，配合学校完成各专项工作统计、汇总、分析、填报各类资产数据工作。二是依据工信部国有资产处置管理办法中授权审批权限的规定和学校国有资产处置办法，核准批复学校危旧公房、公车、设备、家具等报废处置资产1 586套（台、件），账面原值1 495.8万元，全部通过北京产权交易所上市交易，资产残值收入按规定上缴中央汇缴专户。三是积极稳妥开展工作，确保国有资产不流失。完成幼儿园楼的房产证办理工作，启动良乡校区房产证办理工作。四是完成学校北区东侧东小南庄边界指界事宜。推进办理西山实验区南院土地证的进度。五是配合基建处完成良乡校区主要建筑物建筑面积28.4万m²的固定资产验收工作。

2. 强化对外出租公房管理工作

2011年，按照年初工信部核准批复的对外出租公房的范围和北京市工商局对高校公房出租新规定，为进一步规范管理学校公房对外出租，对学校委托授权资产经营公司对外出租的公房，要求经营公司对承租方资信状况和经营范围严格履行审查和管理的职能，对拟出租公房进行效益分析和承租方的风险评价。在严格监管的基础上按照工商要求，重新办理工商备案登记。基本理顺了资产经营公司及所属单位对外出租公房申报审批程序。

2012年，按照工信部对学校公房出租审核认定结果的批复和北京市工商局对高校公房出租的有关规定，核对、备案学校资产经营公司、后勤集团、中海投资公司以及校内其他单位的经营用房、学会用房的使用房屋情况，严格履行审查和管理的职能。

（二）突出资源保障，积极推进办学资源调整

国有资产管理处围绕学校重点工作，按照学校"统一规划、相对集中、分步实施"的资源调配原则，着力解决房屋资源不足对教学、科研、队伍建

设的影响，突出资源调配与保障重点，扎实推进，形成了基础设施较为完备、校区布局功能划分比较合理的公用房分配资源。

2010年，完成中关村校区资源调整工作，包括：（1）完成主楼、中心教学楼、三号教学楼用房调整，催促各学院腾退包括车库西等的应交用房，将收回用房调整给宇航、机械与车辆等8个学院；保证信息科学实验楼如期开工建设。（2）积极协调机械与车辆学院、化工学院、继续教育学院和材料学院，完成建设用地范围内4 340m²的教学、科研实验用房搬迁，为信息科学实验楼的顺利开工奠定基础。（3）加快1号楼西部加固装修工程项目竣工，暑期完成了继续教育学院整体搬迁工作。（4）完成逸夫楼四、五层修缮工程，加紧协调教务处、实验室设备处和保密处等寒假前搬离主楼工作，完成管理学院资源调配计划。

2011年，一是集中力量完成学生宿舍调整工作，在净增一届研究生、学生宿舍资源紧缺的情况下，国有资产管理处与多部门协调配合、反复论证，实施了学生住宿调整方案。整合并挖潜中关村浴室、六号宿舍楼、学生社团等用房。改造新增学生宿舍191间，整理合并出学生宿舍213间，腾出各类学生宿舍327间。在各部门、各学院团结合作、协调一致，广大同学充分理解与支持的基础上，解决了2011级本科生3 692人、2009级本科生3 181人、硕士研究生新生2 714人、博士生新生332人的住宿，帮助解决了合作办学的学生住宿问题。圆满完成了学生宿舍的调整工作，全部新生正常入住，确保良乡校区返校学生住宿，同时也积累了宿舍资源精细化管理的宝贵经验。二是按照中关村校区资源调整总体方案，加强公房调整过程部分学院公房腾退工作，腾退公房使用面积2 387m²。共有11个学院公房调整累计增加3 380m²。三是与相关学院努力协调，调整出6号楼二层东侧全部面积670m²用于"复杂系统智能控制与决策"等四个学科方向申报国家级重点实验室。四是推进良乡校区资源调整，大力支持新成立的数学学院、物理学院、化学学院，充分利用良乡校区办学资源，统筹推进良乡校区各学院办公用房调整。

2012年，一是按照学校戊区国防科技园的规划建设方案，周密部署，会同资产经营公司完成戊区公用房的拆迁与安置工作。统筹协调，整合5号周转楼、学校综合楼、15号宿舍楼等资源，处理好化工、机电、机车等学院和保卫处、后勤集团等单位的教学科研办公用房、后勤保障用房和人员住宿等困难，有序进行场地清理拆迁工作，确保中关村国防科技园顺利开工。二是配合学校信息科学实验楼的建设竣工，实地测量信息科学实验楼公用房的使用面积；深入学院调研，注重沟通，制定完善信息学院公用房使用分配方案和搬迁计划；核定落实学院腾退房源。确保即将开工建设的机电实验楼周边拆迁单位的安置和周转用房。三是做好西山校区阻燃实验楼交付使用前验收准备，有力支撑了学校申报国家阻燃材料工程技术研究中心的筹建工作，满足学校优势学科发展的需要。四是根据中关村校区文科学院和部分机关搬迁良乡校区的总体规划，会同良乡校区管理处制定了良乡校区公寓楼C栋公用房分配方案。随着公寓楼C栋、工业生态楼投入使用，进一步优化了良乡校区办学资源配置。五是按照中关村校区资源调整总体方案，加强公房调整过程中部分学院用房腾退工作。2012年中关村校区办公用房调整使用面积7 578m^2，调整增加2 934m^2，其中学院公房调整增加915m^2，腾退202m^2，戊区国防科技园建设等拆除公用房4 442m^2。六是落实学校人才培养工作会议精神，在基础教育学院、良乡校区管理处、后勤集团等部门的大力配合下，拟定了留学生中心宿舍楼的调整、改造方案。

2013年，在公用房资源配置方面主要完成以下工作：一是对新信息楼（2.6万m^2）、西山阻燃实验楼（4 500m^2）和良乡校区C栋学生宿舍（9 200m^2）分别制定了分配使用方案，稳妥推进，按期投入使用，有效解决了信息学院、材料学院、学生工作处和团委等学院、部、处单位公房面积紧张的局面。根据良乡校区生态楼的预期竣工节点，结合学校化学学院、化工与环境学院等学院整体搬迁良乡的规划安排，制定生态楼的分配方案，进一步优化了良乡校区办学资源配置。二是按照学校建设机电试验中心的工作安排，反复调研论证，拆迁5 630m^{2}的建筑，采用游泳池临建房改造、一号楼北区临建房搭建、出版楼地下室改造等措施，协调六个学院近5 000m^{2}的教学科研办公用房的配置，制定了操作性强的搬迁方案，确保学校实验室教学、科研工作的顺利开展。三是通过深度挖潜和成本核算等手段，重点支持学校在学科建设、引进高层次人才、重大项目科研等方面的建设。敦促有关学院腾退超面积办公用房，有效整合3号教学楼、4号教学楼、7号教学楼、求是楼、中教楼等地的办公资源，解决机电、光电、自动控制、宇航、计算机、法学、设计等七个学院用房使用面积2 630m^2，进一步缓解了上述学院的用房紧张情况。

（三）强调资源调节，稳步实施办学资源成本核算

在资源调整的同时，实行机制改革，实施办学资源成本核算。强调资源调节为目标，2009年学校下发《北京理工大学学院公用房核算管理办法（试行）》，2010年重点开展学院用房成本核算。按照"定额分配、超额收费"核算原则，国有资产管理处会同教务处、实验室与设备管理处等研讨制定了成本核算实施细则和实验室面积增量测算办法，三次召开有关学院领导专题会议，认真听取意见、建议，出台《学院公用房成本核算（2009—2010年）实施细则》。完成了对超定额用房收取资源成本使用费，收缴资源使用费近300万元，初步发挥了资源调节作用。

2011年，国有资产管理处继续按照《北京理工大学学院公用房核算管理办法（试行）》，开展学院用房成本核算工作。按照"定额分配、超额收费"核算原则，会同教务处、研究生院、科研院、人事处、财务处等部门确定了2011年度各学院测算面积。成本核算促使资源调节效果初步显现，累计收取2010年房屋资源使用费379.8万元，完成率为86.8%，除个别学院外，大部分学院完成核算工作；"重占有、轻效率"观念得以改变，公房无偿使用的状况得以彻底改观，发挥出资源调节作用。同时，继续探索多模式用房管理。根据学院公房成本核算原则，与五个学院签订年度科研用房租赁协议，及时回收协议科研用房的当年使用成本。在做好学院用房成本核算的同时，启动了学校机关办公用房成本核算工作。对机关各单位办公用房使用现状开展分类统计、汇总分析，草拟《北京理工大学机关办公用房成本核算办法》并广泛征求意见，开展了初步的测算工作。

2012年，国有资产管理处进一步巩固实施成本核算的成果，加强资源有效利用研究，实行机制改革，深入推进成本核算。完善计量系统，使公房资源配置更加趋于合理，充分发挥资源的综合效益。一是启动2011—2012学年成本核算数据测算工作，会同教务处、研究生院、留学生中心、人事处和实验室与设备管理处等单位核定各学院公用房成本相关数据。二是继续探索多模式用房管理。根据学院公用房成本核算原则，与六个学院签订年度科研用房租赁协议，及时回收协议科研用房的当年使用成本12万余元。

2013年，进一步巩固实施成本核算的成果，按照"定额分配、超额收

费"核算原则，2011—2012学年学院成本核算收缴工作基本完成，累计收取房屋资源使用费410余万元。启动2012—2013学年成本核算数据测算工作，会同教务处、研究生院、留学生中心、人事处等单位核定各学院公用房成本相关数据。根据学校重点工作安排，对承担国家重大项目科研课题，学校在现有资源条件下重点支持，会同科研院在光电学院和机电学院推行先行试点工作。按照成本核算原则与学校签订科研用房协议，参照市场租金标准单独计量核算。2013年签订了5份协议，落实了2个学院5个重大项目科研课题使用面积260m²的用房。

（四）推进房改进程，进一步做好住房管理工作

国有资产管理处坚持以人为本，加强学习国家住房改革有关政策，结合学校实际情况，规范住房管理。强化服务，做好引进人才承租房、青年教师周转房、住房补贴发放、供暖费改革、已售公房后续管理等工作，不断推进住房制度货币化、市场化的进程。

2011年，一是配合推进北院建设，解决了10年来位于北院中央的临建房问题，为北院建设扫清了障碍。研究新政策形势下房改售房工作，试点解决了部分售房遗留问题。推进继续教育楼东段一层住户清理工作，对落实清理的27间房逐一开展工作，全年已清理收回大部分房间。二是继续做好教职工8号公寓的管理，加强检查，清退出租、出借住户，加强与良乡教师公寓联动管理，为青年教职工解决周转住房。三是草拟了《北京理工大学校内公有住房上市交易办法》，为搭建校内住房交易二级市场奠定了基础；继续实施已购校外公房上市交易工作，累计已有38人申请、21人完成住房上市交易，其中17人补交超标款合计120万元；规范住房管理工作，制定学校公有住宅租赁协议、公有住房变更承租人管理规定等规范性文件。四是按照"老人老办法、新人新办法"的分类管理原则，推进供暖费支付和补贴工作。无房职工"明补"人数已覆盖到近1500人；研究学习《关于贯彻北京市供热采暖管理办法的实施意见》，为推行新政策下全员供暖"明补"改革做好基础测算工作。

2012年，一是攻坚克难，积极运用法律手段开展借房、占房等不合理住房的清退工作。完成继教楼（原1号楼）东侧住户的清理工作，收回27间公

有住房，有效解决了继教楼资源不能合理利用的问题，为继续教育学院办学提供了必要的发展空间，建立起良好的用房秩序。二是研究新政策形势下房改售房工作，逐步开展校内住房交易工作。经学校党委常委会审议，2012年2月27日印发了《北京理工大学校内已购公有住房上市交易暂行办法》，探索职工住房周转联动机制，有力保障了学校引进人才工作。在进行周密的校内住房交易二级市场准备工作后，稳妥启动中关村校区已购公房的回购工作，成功办理1套房屋的回购工作。三是积极推进教职工宿舍环境整治工程，启用良乡教师公寓楼，规范中关村校区8号青年教师公寓管理，加强检查，清退出租、出借住户，加强与良乡教师公寓联动管理，为学校教职工创造了良好的工作、学习和生活环境。配合学校有关部门做好良乡"熙悦·睿府"团购房服务工作，逐步解决青年教职工的住房困难问题。四是完善相关管理文件，规范住房管理工作，核实承租房情况，履行住户的住房档案的建立、修改手续；按照"老人老办法、新人新办法"的分类管理原则，推进供暖费支付和补贴工作，完成2012年度教职工住房补贴和有房教职工供暖费补贴发放工作，同时完成了无房教职工的供暖费补贴发放工作。五是按照学校整体工作安排，对学校职工住房相关信息进行全面细致的梳理。多次与人事处、财务处、离退休工作处沟通，对涉及的数据不断进行完善，并在此基础上撰写了分析报告。六是合理安排、有效稳妥地做好职工住宅管理工作。启动中关村校区家属区生活辅助设施改造工作，参与高校房专会职工住宅建设的经验交流和先期论证工作，合理布局，改善教职工居住环境。与国家房改办积极沟通，妥善办理校内已售公有住房子女继承工作。对已购校外公有住房加强集中支付小区物业费、供暖费等费用的审核监管，维护产权单位业主的权益。七是继续实施已购校外公房上市交易工作，全年已有21人申请、14人完成住房上市交易，学校收回超标款约30万元。

2013年，一是根据国家住房改革有关政策和校内已购公有住房上市交易暂行办法，推进校内住房交易工作，探索职工住房周转联动机制，保障了学校引进人才工作。开展了五套公有住房的回购工作，签订了引进人才周转房的租赁协议，安排引进人才入住，为学校人才引进工作提供强有力的支撑。积极与中央国家机关住房改革管理办公室沟通协调，稳妥推动公有住房校内流动。二是深入了解群众需求，结合房改政策，解决前期房改遗留问题。完成了133单元28户住户的售房工作，为其办理了房产证，同时，持续推进剩余5户的售房工作。三是按照学校整体工作安排，对学校职工住房相关信息进行全面细致的梳理。完成2005年后职工住房补贴记录，完善职工住房档案，迎接工信部住房补贴改革检查。四是完善相关管理文件，规范住房管理工作，核实承租房情况，履行住户的住房档案的建立、修改手续；按照"老人老办法、新人新办法"的分类管理原则，推进供暖费支付和补贴工作，完成2013年度教职工住房补贴和有房教职工供暖费补贴发放工作。五是做好职工住宅管理工作，改善教职工居住环境。对已购校外公有住房加强集中支付小区物业费、供暖费等费用的审核监管，维护产权单位业主的权益。研究职工住宅物业补贴发放工作。妥善办理校内已售公有住房子女继承工作。六是继续实施已购校外公房上市交易工作，全年已有19人申请、13人完成住房上市交易，18户办理遗产继承，学校收回超标款约53.8万元。

春华秋实篇

【2014—2023年】

一、优势整合重点培育实验室

（一）统筹谋划，加强实验室规划建设

1. 做好实验室顶层规划，重构实验室管理体制

2016年，围绕学校"双一流"发展目标和"十三五"建设发展规划，实验室与设备管理处规划设计了实验室综合改革方案。该方案以构建实体实验室体制为核心，包含专职实验队伍改革、实验室安全管理体系建设、实验室信息化建设等内容。

2017年3月，学校成立实验室规划与建设领导小组，龙腾任组长，史天贵任副组长，正式实施实验室综合改革。探索集中管理模式，构建实体实验室管理体系。当年各学院基本完成了实体实验室的设置工作，以完全不交叉重叠且涵盖学院全部的实验室为根本原则，共设置实体实验室203个，初步形成了实体实验室数据库。改革成果于2021年获得校教学成果特等奖，2022年获北京市教学成果二等奖。该成果得到中国高教学会的认可并推广到全国高校。

2. 统筹规划，突出重点，做好实验室的建设管理

（1）示范中心建设。

2014年，实验室与设备管理处顺利完成国家级虚拟仿真实验教学中心申

报与建设工作；高质量完成北京市级实验教学示范中心验收工作；同时，开展校级实验中心评建工作。2014年12月，学校"大学计算机虚拟仿真实验教学中心"进入教育部网上公示的"入选2014年国家级虚拟仿真实验教学中心"名单，成为继"武器系统虚拟仿真实验教学中心"后学校第二个国家级虚拟仿真实验教学中心。截至当年，全国"985"大学仅有北京大学近两年均获批了2个虚拟仿真实验教学中心。

完成了北京市对"十一五"期间学校获批的5个北京市级实验教学示范中心的验收工作。

"十一五"期间学校获批的5个北京市级实验教学示范中心验收情况（2014）

序号	名称	所属学院	验收结论
1	基础化学教学实验中心	化学学院	通过
2	航空航天技术实验教学中心	宇航学院	通过
3	生物实验教学中心	生命学院	通过
4	交通与车辆实验教学中心	机械与车辆学院	通过
5	数字媒体技术实验教学中心	软件学院	通过

评定了校级实验教学示范中心及虚拟仿真实验教学中心，进一步完善了实验中心体系与布局，填补了重点学科专业实验教学平台的空白，并为今后国家级虚拟仿真实验教学中心建设打下了基础。

2014年校级实验教学示范中心及虚拟仿真实验教学中心评定情况

序号	名称	所属学院	中心性质
1	武器系统工程	宇航学院	校级实验教学示范中心
2	材料科学与工程	材料学院	校级实验教学示范中心
3	计算机虚拟仿真	计算机学院	校级虚拟仿真实验教学中心
4	生物虚拟仿真	生命学院	校级虚拟仿真实验教学中心
5	工程光学虚拟仿真	光电学院	校级虚拟仿真实验教学中心

2015年，大学计算机虚拟仿真实验教学中心于1月获批为国家级虚拟仿真实验教学中心；光学工程国家级实验教学示范中心通过教育部终审会议评审。至此，北京理工大学连续四年获批国家级教学示范中心或国家级虚拟仿

真实验教学示范中心。自动化实验教学中心等3个实验教学中心顺利通过工信部实验教学示范中心建设单位验收。

（2）基础教学和专业实验室建设。

按照"统筹规划、资源整合、集中建设"的原则，结合学科建设和专业认证建设，学校建成了一批建设理念领先、资源整合集中、环境条件优秀、文化显示度高的基础教学和专业实验室。

2013年，学校通过开门申报、专家遴选的方式设立了实验室重点建设项目10余项，利用修购专项资金2 000余万元，重点对"地面机动装备实验教学中心""自动化实验教学中心""光电实验教学中心""信息系统及安全对抗实验教学中心"4个重点实验教学示范中心及部分特色突出的专业实验室进行了集中投资建设，各建设项目已经顺利完成，建设成果初步显现。

2014年，集中资源，继续加强专业实验教学平台建设。统一规划推进行动、修购专项及教育部质量工程等专项资金，进一步改善了相关专业实验教学平台的基础条件。2012—2014年，三年时间学校共计投入实验平台建设经费8 585万元。为保证化学学院与化工学院迁入良乡工业生态楼后相关科研教学活动的开展，实验室与设备管理处经过与学院及相关部处的多次交流与沟通，并且考察了同类院校及科研院所的相关设施，确定了实验室设施配备及通风系统改造方案，并正式进入施工阶段。

2019年，配合良乡校区建设进度和搬迁计划，完成良乡校区相关实验条件建设方案。

2020年，完成5个工科教学实验中心搬迁和建设任务，启动文科相关教学实验中心建设项目论证工作。

2021年，完成文科组团楼教学实验室建设。

文科组团楼教学实验室环境

文科组团楼教学实验室环境（续）

（3）实验室建设项目。

2012年，全方位、多层次、有针对性地开展各类实验室建设项目。2012年度充分利用修购资金，着重于基础教学实验室，设立实验室条件改造项目多个，共计投入资金580万元，对自动化实验中心、光电教学实验中心等一批实验中心实施了仪器设备更新和基础设施的改造。

2015年，统筹"争创一流"、修购专项等资金，重点面向16个专业学院设立了21个建设项目，合计投资1 100余万元，显著改善了相关学院实验教学条件。同年，还完成工业生态楼实验室通风系统基础设施改造任务。改造完成的通风系统在国内高校化学化工类实验室中处于领先地位。

3. 加强公共实验平台建设，打造高峰实验室

2016年，实验室与设备管理处组织编制"十三五"实验平台建设规划，重点推进大学生工程实训楼入驻单位建设方案和工学实验楼实验室初步规划方案，为"十三五"期间实验室布局调整和重点实验能力建设做了充分准备。同时，当年统筹经费共计3 449万元，改善了18个实验教学中心及分测中心基础条件，进一步提升了学校教学科研实验能力。

2017年，拟定形成了"十三五"实验平台规划建设工作方案，并有条不紊地推动落实相关工作，立项启动了材料学院、生命学院、信息学院三个实验平台，以及工程实训楼实验教学平台的建设工作。

2018年，根据"十三五"实验平台规划建设工作方案，完成材料学院、生命学院、信息学院3个实验平台建设并投入试运行，新增公共实验资源3 346m^2，设备7 847万元；深度结合引进人才的建设需求、学科群的发展需要，加强学院、学科群、前沿交叉科学研究院的联动，论证启动了微纳量子光子等8个实验平台的建设任务，投资总额共计8 316万元；组织完成实训楼搬迁工作，并以此为契机，优化布局工程训练中心、电工电子实验中心、地面机动装备实验教学中心等实验教学平台，进一步完善了实验教学条件。

2019年，完成了7个实验平台的建设任务，同时论证启动了13个建设项目。已建成的3个实验平台初见效益，贵重设备年均开放1 400机时（全校平均1 200），服务教师科研2 900人次，开展实验教学43万人时，接待校内外学生创新实践活动2 100人次。探索公共实验室多元投入模式，启动18个实验室多元建设项目。

2020年，启动5项2020年度公共实验平台建设项目，完成"十三五"实验平台"5+18"建设目标，推进"十四五"实验平台建设规划编制。

2021年，继续推进公共实验平台整合提质。提升7个学科公共平台实验能力；完成文科组团楼8个教学平台搬迁建设；推进车辆实验中心的整合重塑。

2022年，统筹设备更新改造专项、"双一流"等经费，规划投资5.3亿元，支持量子物理中心、先进材料中心、电子技术中心、车辆中心等14个已有公共实验平台能力提升，规划新建医学技术中心、风洞实验室、高性能计算中心等6个公共实验平台。同时，以公共平台建设为核心，综合考虑新兴学科、人才引进、交叉融合需求，组织论证15.5亿元设备，全年立项4.3亿元设备并启动实施，落实房屋管理、人员管理、设备管理一体化。

4. 整合资源、精心谋划，全面做好分析测试中心建设工作

2014年，启动良乡校区分析测试分中心的建设，着力搭建跨校区的公共实验平台。学校依托化工学院及化学学院在良乡校区生态楼规划了化学、化工类分析测试分中心，实验室与设备管理处在充分调研和论证的基础上，对分析测试中心的房屋资源和纳入中心管理的相关仪器设备进行了合理的规划和安排，并完成了中心亟需核磁共振设备的购置和相关基础设施及环境条件的改造工作。

2015年，继续统筹规划良乡校区分析测试分中心建设，按计划完成具体建设工作；组织中心建设专家委员会讨论并制定中心管理运行办法及各类内部管理运行制度20余个。

2016年4月，良乡校区分析测试中心正式开放运行，同年10月，分析测试中心成为独立的二级机构。

分析测试中心挂牌仪式

（二）强化激励，加强实验队伍建设

2017年，实验室与设备管理处注重顶层设计，进一步完善专职实验队伍改革方案。具体启动并完成了实验系列专技职务评聘条件的制定，完善了考核评价机制，制定了专职实验人员考核指导意见。

2018年，完成了正高级实验师和高级实验师专技职务岗位申报条件修订工作，全方位高标准设置专职实验人员正高副高职称申报要求，打通了专职实验人员职业晋升通道，激发专职实验人员工作积极性。

自打通正副高级实验师晋升通道以来，2位专职实验人员被评为正高级实验师，均为博士学历，同时，2021年（5人）和2022年（2人）共有7人被评为高级实验师。

（三）多措并举，推动实验室开放共享

2015年，实验室开放工作水平显著提升。2015年，开放实验累计课程数48门次，总学时1 584，学生数达到1 932人次。结合北京市教委要求推动实验室向中学开放，全年共计接待全市各区县中学66所，中学生4 260人次。

2016年，扎实推进，做好实验室校内外开放工作。实验室开放工作注重制度建设及开放效果两方面。当年将开放工作纳入学校创新创业积分体系管理，修订试行了相关管理办法。积极组织开展各类实验室开放活动，充分发

挥优质资源效益。开放实验项目参与学生数达到1 792人,对学生实践创新能力培养作了有效补充。面向北京市全年接待初中学生6 000余人次,社会反响良好。

2017年,学校开放实验项目开展55项,参与学生数2 124人次,同比略有增长。积极配合北京市教委开展的"北京市初中开放性科学实践活动",2017年上半年累计接待中学生4 224人次,到校经费101.8万元,彰显了学校的社会服务职能,提升了学校的社会影响力。

2020年,推进教学实验中心和公共实验平台考核评估和共享共用工作,制定《公共实验平台资源手册》。

二、探索核算型房屋资源管理模式

(一)统筹协调,优化资源调配布局

国有资产管理处合理规划,有序布局,充分利用增量资源,重点支持学校在学科建设、引进高层次人才、重大项目科研等方面的建设,同时,集中整合资源,充分发挥存量资源效益。

2014年,一是按照校长办公会议精神,积极推进数学学院、化学学院、化工学院整体搬迁工作。完成良乡校区工业生态楼内化学、化工类仪器设备分析测试中心建设方案。二是通过深入挖潜,为生命学院、机电学院引进高层次人才提供办公实验用房;调整学校西山试验区C栋火炸药试验室,重点解决机电、化工等学院科研重大专项含能试验;落实"2011计划"安全与防护协同创新中心科研协议用房的调整分配工作;落实材料学院西山试验区腾地退C栋实验室资源的调整分配工作。三是配合教务处、机械与车辆学院完成本科制图课程教改,挖潜中关村校区1号教学楼制图教室,进一步改善机械与车辆学院教学实验用房。通过对中关村校区主楼等楼宇地下室的摸排挖潜,进一步解决管理学院、基建处资料库房;增加试卷库,满足教务处试卷集中存档需求。调整中关村校区10号办公楼机关办公用房,累计收回部门腾退办公用房15间,解决落实校友会等6个机关部门办公用房面积180m^2。解决北理工附小2014年扩招所需教室1间。四是紧跟上级政策,主动开展相关工作。参照11月两部委新出台的党政机关办公用房标准,在核实摸清机关部门办公用房

使用面积的基础上，开展机关部门办公用房定额面积测算工作。

2015年，国有资产管理处作为学校综合改革中资源配置组的牵头单位，与资源配置组各部门一起，形成了综合改革方案中的资源配置改革子方案。同时，充分利用良乡校区增量资源，完成化学学院整体搬迁良乡校区，深入挖潜，推进人文学院、学工处、团委、档案馆等单位整体或局部搬迁良乡校区，累计分配、调整用房使用面积1.2万m^2。完成宇航学院入驻机电实验楼分配及腾退用房调整方案。

2016年，继续围绕学校重点工作，扎实推进办学资源调整。推进宇航学院整体搬迁至宇航大楼，腾退用房5 634m^2；完成化工原理实验室建设，推动原化工学院整体搬迁，推进其中关村校区房屋腾退，已腾退740m^2；完成化学、人文和马克思主义学院中关村校区房屋腾退工作；方便师生办理业务，调整教务处、学生事务中心、心理咨询中心办公用房710m^2；促进交叉融合，协调安排前沿交叉研究院办公、科研用房700m^2；促进学科发展，完成15501实验室等部门资源调整及维修改造，整合机电学院用房资源等；配合学校基本建设，完成中关村校区一号楼北平房搬迁，涉及使用面积245m^2；完成三号楼北侧靶道实验室扩道拆除工作；协调15间共330m^2用房缓解附小教学资源紧张局面；适应人才培养，将中关村校区三号楼、研究生教学楼12间教室改为活动桌椅教室，满足研究型、讨论型课程需要。

2017年，继续围绕学校重点工作，扎实推进办学资源调整，全年共调整房屋资源17 712m^2。新增机电学院公房1 716m^2，生命学院、材料学院平台建设用房3 084m^2，前沿交叉院用房1 800m^2；腾退游泳池临时校医院建设用房3 122m^2，清退住户29户；调整发展规划处等机关用房5 297m^2、学业就业指导中心用房485m^2、科研协议用房710m^2；收回西山实验用房430m^2。同时，做好引进人才及青年教职工住房保障工作。积极推进"理工睿府"预留住房的收尾工作，启动14名引进人才购房手续办理，完成20名引进人才周转房租住手续办理；装修西三旗、中关村引进人才用房，为"引才留才"提供保障；联合校工会出台教职工8号公寓房租实施办法，签订阶梯房租协议。

2018年，继续加强资源统筹，完成腾退1号楼、西山实验区、自动化学院等公用房4 000多m^2。积极落实人才"入校通知单"的实施，加大对引进人才支持力度，预留1 000多m^2房屋专项使用。落实学校机构改革任务，统筹考虑，制定《机构资源调整方案》，完成同一校区同一机构集中办公的目标；加强资源共享共用，向重点学科、前沿交叉领域倾斜，加大对有潜力青年教师的支持力度。同年，以学生为中心，以推进教育教学改革为出发点，在两校区探索建成32间"智慧教室"，启发式、探究式、讨论式、参与式、沉浸式等多模式教学得以开展，"智慧教室"排课率高于传统教室，受到广大师生的一致好评。

2019年，优化资源布局，完成了机关资源调整搬迁工作；完成了一号宿舍楼、中教12层、14层部分集中区域，良乡理学楼B栋的资源调整工作；完成了良乡教学组团楼初步规划、四号教学楼一二层、一号教学楼4层调整的方案制定工作。

2020年，持续推进板块化布局调整，积极推动涉及4个学院、6个机关部门的公用房调整工作。制定文科组团楼搬迁实施方案，积极组织实施，加快推动文科学院顺利入驻。

2021年，完成良乡文科组团楼搬迁。此次搬迁是学校历史上规模最大的一次搬迁，楼宇交付后6个月内完成；腾退面积16 447m^2（其中，中关村8 709m^2），为学校板块化调整和事业发展做出较大贡献。

2022年，持续做好公用房板块化调整，优化配置和管理，完成十号楼调整、机关向良乡搬迁、至善园等公用房调整工作，涉及调整面积约3万m^2；推进计算机学院、网安学院、医学技术学院、集成电路学院等公用房调整，涉及调整面积7 000多m^2。同时，推进房屋资源精细化管理，夯实公用房管理基础性工作，推进全校公用房普查，已完成30%；完成良乡工业生态楼、1号宿舍楼等7栋楼宇的不动产权证办理工作。

（二）强化考核，提高公用房利用率

国有资产管理处进一步巩固公用房成本核算的成果，创新管理手段，加强资源有效利用研究，深入实施办学资源成本核算。

2014年，按照《北京理工大学学院公用房核算管理办法（试行）》，有效推进学院公用房成本核算工作。按照"定额分配、超额收费"核算原则，启动2012—2013学年学院成本核算收缴工作。同时，根据学校重点工作安排，对承担国家科研重大项目科研课题，学校在现有资源条件下重点支持。

按照成本核算原则与学院签订科研用房协议，参照市场租金标准单独计量核算。累计签订11份科研用房协议，落实6个学院11个重大项目科研课题使用面积796m^{2}的用房。

2015年，深入实施办学资源成本核算，出台《北京理工大学学院公用房核算管理办法（修订）》。2016年，走访相关学院，听取学院意见、建议，持续推进学院用房成本核算。

2017年，继续完善学院公用房核算管理办法，统筹推进成本核算工作。以宇航学院为试点进行资源优化配置改革，瞄准"双一流"建设目标，纳入师资队伍、人才培养、科学研究、平台建设等绩效指标，修订学院公用房核算管理办法。共收取资源使用费310余万元。

2019年，完成了26间机关部门会议室的线上共享预约，极大提高了公房利用率。

2020年，完成学院公用房成本核算收取及考评工作，2020年收取房屋资源使用费2 332.3万元，收回房屋面积5 881.51m^2。同时，实现了37个会议室线上预约。

2021年，加强实体实验室效率考核，以西山实验区为试点，44个实验室房间不合格，涉及面积1 592m^2，实行高收费。

2022 年，修订《教学科研机构成本核算实施细则》，修订要点包括：一是在成本核算对象调整的基础上，在办公用房方面去头衔化，将原有"四青人才"、人社部"百千万人才"等各种分类取消，统一为职位职称即正处级、副处级、正高级、副高级、中级等，并对其定额面积进行下调，使政策更加符合未来学校发展大量引进人才的用房需求；在基础研究用房、教学实验用房和科研发展用房方面，采用动态调整的指标实现。二是设置校区系数。各学院三个校区的实际使用面积为A校区（SA）、B校区（SB）、C校区（SC）三个区域之和。考虑到各校区实际情况，采用校区系数加以修正，各校区系数为A校区1.0，B校区0.8，C校区0.8，故实际使用面积为SJ=1.0×SA+0.8×SB+0.8×SC。三是收费及返还。学校免收各学院定额面积内的公用房资源使用成本，超定额面积则采用阶梯收费标准收取公用房资源使用费，具体如下：超定额面积在定额面积20%以内的部分，按P1元/（m^2·天）收费；超定额面积在定额面积20%～50%的部分，按P2

元/（m²·天）收费；超定额面积在定额面积50%以上的部分，按P3元/（m²·天）收费。学校收取的公用房资源使用费中，50%作为奖励返还学院，对学院的返还金额由各学院统筹调配，用于改善学科建设、人才培养条件及人员奖励，对于未达定额面积的学院，根据未达面积情况进行货币补偿。四是绩效奖励。在绩效奖励层面，取消与公用房无关的减免奖励项，并且取消固定面积的奖励，采取动态调整方式，奖励部分包括四部分，分别是A+学科、重点科研实验室、公共平台和特殊设备，可用于抵扣超定额面积，余量每年清零，不结转，不累加。A+学科：新增A+学科，奖励牵头学院定额面积的10%；保持A+学科，奖励牵头学院定额面积的5%。牵头学院有自主分配权，可对参与学院进行酌情奖励。重点科研实验室：理工类国家级重点实验室奖励500m²，省部级奖励300m²；文科社科类国家级重点实验室奖励300m²，省部级奖励100m²。平台在存续期内长期有效。公共平台：从监控、门锁、用电量、设备使用机时等方面进行年度综合评价，划分为合格、整改、不合格三个等级，分别按实际面积的80%、50%、20%给予奖励。特殊设备：对于原值50万元以上，占地6m²以上的设备，根据使用机时数评定结果给予奖励。五是使用效率考核。学院实验室年底考核不合格的，参照《实验室考核办法》实行全面积高额收费。不合格实验室收费不予返还，全部由学校统筹使用，主要用于改善成本核算制度相关的基础设施建设。通过办法的修订基本构建了一套基于动态化指标体系的公用房资源成本核算模型。

（三）开展清理整顿，解决历史遗留问题

2016年，国有资产管理处按照财政部的有关要求，开展了全校范围内的资产清查工作。此次清查盘亏仪器设备总计979台套，价值1 075万元（据了解，全国各个高校的仪器设备盘亏数量和价值都较大）。截至2016年，财政部共开展过两次资产清查，一次是2006年，一次是2016年，历史上从未对盘亏仪器设备进行过处理。为了解决历史遗留问题，实验室与设备管理处制定了《关于2016年资产清查盘亏仪器设备的赔偿方案》，对历史问题"从轻处理"。盘亏仪器设备中属实验消耗材料的、盘亏责任无法界定的（如领用人已离职、去世或领用人为空等），可免除赔偿；对于已达报废年限的盘亏仪

器设备，按照原值分为四档进行"定额赔偿"（分别为50元、100元、300元、10 000元）；对于未达报废年限的盘亏仪器设备，按照已使用年数和折旧后的净值确定赔偿额度（分别为净值的50%、80%、100%）；赔偿金统一交到财务处。这是学校历史上首次对仪器设备盘亏进行处理，有效解决了历史遗留问题，同时也强化了对仪器设备类资产的管理意识。同年，继续推进办公用房清理，全年共腾退583m^2，完成学校5位部级干部住房清理工作。

2017年，持续推进巡视整改，积极落实办公用房清理等工作。在全校范围内再次启动办公用房统计摸底清理工作，共清理整改办公用房9间，涉及房屋使用面积217m^2。根据巡视意见，组织完成了教室安装空调、学业指导中心建设等改善学生学习生活条件的整改项目12项。

2019年，腾退六号教学楼北平房23户、教学区住宿房间23间、浴室周边商户2户；研究制定8号教工公寓清理整顿方案和2、4号楼违建清理工作方案，逐步推进清理工作。完成40余处房间校内智能门锁的安装，完善公用房腾退机制。

2020年，继续加强资源清理整顿工作，共清理整顿公用房15处、教师公寓86间、地下室15间。

2021年，推进违建清理工作。为优化环境，消除安全隐患，开展2、4号教工公寓楼道违建拆除工作，总共17间，已拆除15间。

（四）梳理现状，做好公有住房配套改革及清理工作

国有资产管理处强化服务意识，做好住房改革后续工作。2014年，一是积极开展周转住房调配工作，签订了引进人才周转房的租赁协议，安排引进人才入住，为学校人才引进工作提供强有力的支撑。积极与中央国家机关住房改革管理办公室沟通协调，积极推动公有住房校内流动。二是深入了解群众需求，结合房改政策，解决前期房改遗留问题。完成了133单元剩余5户的售房工作。三是按照学校整体工作安排，启动"二期安居工程"合作建购房款补贴测算及补贴发放工作。克服时间跨度大、涉及人员多、类型复杂等诸多难题，在相关部门的大力支持下，完成了两批1 100余人的信息审核，完成其中700余人补贴发放工作，累计发放金额600余万元。四是完善相关管理文

件，规范住房管理工作，核实承租房情况，履行住户住房档案的建立、修改手续；按照"老人老办法、新人新办法"的分类管理原则，推进供暖费支付和补贴工作，完成2014年度教职工住房补贴和供暖费补贴发放工作。五是做好职工住宅管理工作，改善教职工居住环境。对已购校外公有住房加强集中支付小区物业费、供暖费等费用的审核监管，维护产权单位业主的权益。妥善办理校内已售公有住房子女继承工作。六是继续实施已购校外公房上市交易工作，全年有22人申请、12人完成住房上市交易，9户办理遗产继承，学校收回超标款约57万元。

2015年，推进物业、采暖明补工作，拟定物业服务、采暖补贴办法；完成中关村校区周转房装修改造，启动"理工睿府"小区用房装修工作，为学校引进高层次人才提供有力保障。

2016年，推进校内家属区物业改革，为全校教职工5 800余人发放物业服务、采暖补贴，并完成170余名职级变动教职工的补贴调整补发；做好引进人才承租房、青年教师周转房、住房补贴发放、已购校外公房上市交易等工作。

2017年，为全校教职工5 821人发放物业服务、采暖补贴，完成203名职级变动人员补贴调整补发；为1 812人办理住房补贴发放，办理15套已购校外公房上市交易手续；完成3 690条职工住房数据核对及向央房信息登记系统上传工作。

2018年，按照"一户一档"的思路对公有住房档案进行了整理，完善了教师公寓退租、住房上市、继承等各类管理流程及模板。同时，切实关心教职工权益，统筹配置两校区教师公寓、教职工周转房，拓展资源，争取84套公租房。

2019年，梳理借占房的历史遗留问题，开展40多户入户核查工作，并形成了调研报告。解决住房个案问题，收回违规占用住房1套。

2020年，统筹教工公寓管理，教师公寓周转率得到极大提升，8号教师公寓新入职教职工的入住率从2018年的40%提升到2020年的100%。

2021年，推出教师公寓"随入随住"政策。新入职无房教职工无须参加评审，直接安排入住，简化流程，提升教职工幸福感。

 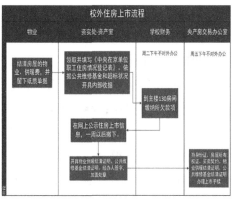

公有住房管理方案及上市流程

三、推进国有资产统筹闭环管理

（一）强化统筹，构建国有资产管理体系

国有资产管理处积极主动研究政策，加强国有资产统筹管理，构建完备的资产管理体系；同时，通过资产管理信息化手段，提升管理能力，合理调剂资源，维护学校利益，确保国有资产保值增值。

2014年，一是开展固定资产核查工作，经过账实盘点、账核查及聘用第三方会计师事务所的全过程监管，近50%的实地抽查率，完成家具资产核查工作。二是上报固定资产报废处置设备类999.2万元、家具类135.1万元，通过北交所上市交易完成固定资产处置总计2 630.7万元（包括历年上报当年处置），资产残值收入按规定已上缴中央汇缴专户。三是积极稳妥开展工作，确保国有资产不流失。开展国有资产产权登记工作，完成学校事业单位国有资产产权证和所属8个企业基础资料整理工作。四是规范学校公房出租管理，严格把关，维护学校利益，降低合作建房、出租房屋的法律风险。五是开展良乡校区一期基本建设（约25万m^2）公房所有权证的办理工作。

2015年，完成家具资产9 179.17万元的核查工作和固定资产3 895.6万元的处置工作；加强资产管理信息化手段，合理调剂资源，开展国有资产产权登记工作；开展学校公房出租出借清查；完成良乡校区一期基本建设公房的测绘及楼门牌制作；持续推进西山校区土地证办理。

2016年，制定设备、家具、软件清查工作实施方案，完成设备家具、软件、房屋清查，并推进良乡校区房屋不动产权证办理。

2017年，加强资产管理，完成校医院和部分实验室共19处4 479.10m²房屋销账和11批次7 845台套4 820万元家具、设备的报废处置工作；做好经营用房工商局分割备案工作；继续推进良乡校区不动产权证办理。

2019年，对学校产权情况进行梳理，制订产权办理计划，调研7所高校，完善产权证办理流程。

2020年，出台并宣贯《北京理工大学国有资产管理规定》，推动完善国有资产管理制度体系建设；协同归口部门，实地调研，了解现状，梳理国有资产制度体系。

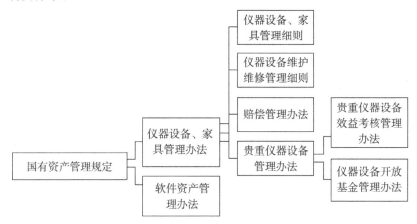

国有资产管理制度体系

2021年，开展国有资产专项检查，这是学校历史上首次资产统筹检查，研讨资产管理难题，为全校资产一本账系统建设奠定基础。

国有资产管理现状调研

2022年，完成"资产一本账"系统建设，实现数据汇集、多层级展示、查询统计功能，提升资产统筹管理与信息化水平。同时，健全资产监督评价体制，出台《国有资产管理效益考核评价办法》，进一步规范资产管理、促进资产使用效益提升；完成异地资产管理调研，构建"统筹监管+属地负责"资产管理模式，形成研究报告、权责清单与业务管理方案，为京内外资源融通互补奠定基础。

（二）规范仪器设备采购，提高效率和效益

规范程序，提高效率，高质高效完成学校仪器设备采购及相关项目的验收审计工作。

2014年，全年完成仪器设备采购任务共计1.5亿元，新增仪器设备类固定资产5 976台套，价值1.31亿元。截至2014年年底，全校仪器设备99 377台套，总值26.53亿元。

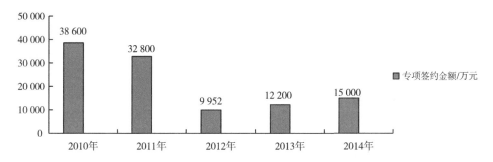

2010—2014年专项项目仪器设备采购情况统计

2014年年底贵重仪器设备情况表

序号	贵重仪器设备类别	数量/台套	金额/亿元
1	10万元（含）以上	4 309	17.7
2	40万元（含）以上	1 153	11.4
3	100万元（含）以上	296	6.2
4	500万元（含）以上	11	0.85
5	1 000万元（含）以上	2	0.28

2015年，全年完成仪器设备采购任务共计1.527亿元。截至2015年年底，

全校仪器设备总值达27.95亿元。

（三）加强仪器设备全生命周期管理

1. 仪器设备的全过程管理

2014年，圆满完成仪器设备核查工作。实验室与设备管理处于2014年7月完成各单位自查、学校抽查、审计盘点三个阶段的工作。通过核查，全面摸清了学校仪器设备家底以及仪器设备使用现状，完善了仪器设备领用人、存放地点等基础信息，强化了二级单位对仪器设备的管理意识和广大教职工对仪器设备的责任意识。

2015年，组织开展了仪器设备全面核查和标签专项检查工作；顺利完成设备管理系统与财务管理系统的对接。

2016年，组织开展了学校仪器设备清查工作，针对清查中的问题积极分析研究，对《北京理工大学仪器设备管理办法》进行修订，完成了《北京理工大学仪器设备丢失损毁赔偿管理办法》《北京理工大学仪器设备验收工作细则》等草稿的制定，进一步规范仪器设备管理。

2022年，加强设备全生命周期管理，完成资产调拨处置系统（第一版）开发。

2. 实施公车改革

2015年，作为学校公车领导小组办公室，落实学校公车改革工作，对全校公车进行了全面的梳理和清理。

2016年，按照"车辆减少、费用下降、平稳有序、处置规范"原则，牵头学校公务用车制度改革，制定了"1+3"改革方案，取消40辆公务用车。按公车改革相关要求，对实验用车统一粘贴标识，落实公车定点加油、维修、保养制度。设计开发了"北京理工大学公车管理系统"，确保公车管理透明规范，有效提高了办事效率。

3. 推动仪器设备开放共享工作

2014年，继续加强对大型仪器设备开放共享平台的建设，推进仪器设备对内对外开放工作力度。全年共有500台套的仪器设备实现了信息入网，其中100台套的贵重仪器设备还纳入了国家的"高等学校仪器设备和优质资源共享系统"。2014年学校仪器设备开放服务收入580万元，是上一年度收入的近5倍。

2015年，继续加强对大型仪器设备开放共享平台的建设。2013—2015年开放服务收费分别为120万元、580万元、900万元。

2016年，将学校贵重仪器设备的信息入网和开放工作常态化，着力提升开放效果。当年，学校共有800台套仪器设备纳入了开放共享系统。开放服务取得较好效益，近3年学校仪器设备开放服务收入年均达到680万元。

2017年，仪器设备开放服务收入达到700万元，较2016年收入增长40%。信息化方面，实现了与国家网络共享平台信息共享。

4. 持续加强仪器设备使用效益考核

2019年，开展了贵重仪器设备使用效益考核，年均使用机时和校外开放机时较上年度增长105.4%和40.1%。开展了对全校机关的资产清查工作，并对50%的单位开展了抽查。

为深入贯彻落实《国务院关于国家重大科研基础设施和大型科研仪器向社会开放的意见》（国发〔2014〕70号），促进重大科研基础设施和大型科研仪器开放共享，建立开放共享激励机制。自2017年起，科技部根据《国家重大科研基础设施和大型科研仪器开放共享管理办法》，遴选部分中央级高校和科研院所开展科研设施与仪器开放共享评价考核试点工作。学校自2018年参加科技部大型科研仪器开放共享评价考核，2021年获评"良好"成绩，在参评的82所高校中位列第25位。

2022年，完成仪器设备开放共享系统开发并试运行，制定以使用效率为重点、兼顾基础管理与成果产出的考核指标体系，优化大型仪器绩效考核。

四、搭建安全生产管理责任体系

（一）完善责任体系，做好安全生产监管工作

2015年，实验室与设备管理处组织全校64个安全生产责任单位签订安全责任书。配合基建处做好良乡校区化工库的设计及安全评价等工作；完成良乡临时废试剂中转室的选址、设计、货架配备、废液桶试点及废试剂回收培训等工作。2017年，统筹推进落实中关村校区、良乡校区和西山实验区化学品和废弃化学品转手库建设并探索性加强实验室内部修缮管理工作。2018

年，通过责任书签订、专题讲座、应急演练、隐患排查治理等活动，进一步落实安全生产责任制，提升师生安全意识。完成三校区化学品中转室基础设施改造并投入使用，解决师生采购易制毒、易制爆化学品困难的问题。2019年，组织首届安全宣传素材设计大赛，营造良好安全文化氛围。2021年，开展安全督导，压实责任。督导保卫部、后勤基建处、西山中心、资产公司、机电学院、材料学院、化学与化工学院等7个重点单位，并已全部完成整改。2022年，开展第二轮安全生产督察，对9个单位开展现场督查指导，发现的问题已完成整改，通过推进安全督查，强化安全责任落实。

（二）分级分类实施，加强安全生产培训与教育

2014年，学校对539名2013级涉及危险化学品研究生、626名2014级涉及危险化学品研究生、32名安全生产管理人员和37名火工品从业人员进行了安全培训。2018年，完成线上安全教育培训6 967人次。2019年，开展系统化、针对性安全宣传培训，共计培训各类人员6 102名；组织开展2场危化品应急演练。2022年，编印《实验室安全指南手册》《实验室EHS管理业务手册》，组织开展"安全生产月"，举办专题安全讲座，开展实验室安全准入培训。

（三）注重理论研究，指导安全生产管理实践工作

2014—2020年，完成工业和信息化部安全生产司、北京市国防科工工办、兵器安全技术研究所、中国高教学会立项的实验室安全课题共计8项，到校经费113万元。通过"在京部属高校科研实验室危险物品安全生产标准"课题研究，编制了《实验室危险物品安全管理规程》，从"实验室的安全设施""危险化学品""危险仪器设备"三个方面，提出了实验室安全管理基本要求，制定了相应安全管理标准，为上级主管部门监管、学校职能部门管理和实验室师生日常工作提供了科学依据。通过"高校实验室安全检查规范研究"课题研究，编制完成《实验室技术安全检查标准手册》，详细地列出了高校实验室危险因素的类别、条目、权重和危险状态分级标准，共包含13个一级、78个二级、703个三级安全技术指标，基本涵盖了以工科为主的高校实验室的各项危险因素，成为各高校使用的实验室安全检查App的主要内容来源。通过"高校实验室危险点识别及安全技术操作规程指南"课题研究，按

照工科类高校的学科分类,给出了不同学科类实验室危险点的确定原则,为高校实验室危险点的识别提供依据;同时,汇编了常见危险点的安全技术操作规程,指导高校对危险点有效管控。通过课题研究,为高校实验室安全管理提供了有力的技术支持,成果推广后对全国高校实验室安全管理提升起到了重要支撑和推动作用。

2014—2020年承担安全管理类课题情况

课题名称	课题级别	课题经费/万元	课题开始、终止时间
面向研究生实验安全素养提升的安全管理机制建设	校级	7	2020.7—2022.7
新型爆炸危险品合成与制备实验安全管理研究	校级	1	2020.7—2021.7
高校实验室安全管理人员设置现状及需求调查研究	省级学会	1	2019.9—2020.9
高校学生参加实验安全管理研究	省级学会	1	2018.9—2019.9
高校安全生产责任体系建设	国家级学会	8	2017.8—2019.8
部属高校化学品安全管理信息平台建设	省部级	40	2016.3—2017.3
部属高校实验室安全管理信息平台开发	省部级	40	2015.3—2016.3
高校实验室危险点识别及安全技术操作规程指南	省部级	15	2014.4—2015.4

五、加强内部建设,促进外部交流

(一)完善制度和信息化建设,提高内控水平

(1)建章立制在路上。

2017年,实验室与设备管理处系统梳理了学校实验室与设备管理的制度现状,从实验室管理、设备管理和安全生产管理方面设计了制度体系框架,并于当年起草修订了《北京理工大学实验室研究项目管理办法》等11项管理制度。2018年,重视制度修订,研究政策,梳理流程,全年出台校级文件13份。修订《北京理工大学公用房管理条例》和《北京理工大学公用房成本核算管理办法》,全面推进全额成本核算,实行有偿使用制度,建立围绕重大成果产出的资源奖励机制。2019年,修订《北京理工大学国有资产管理办

法》，构建国有资产管理体系，明确资产归口管理部门职责；制定《北京理工大学教师公寓管理办法》，建立健全准入和流转机制。出台了《北京理工大学公用房管理规定》和《北京理工大学学院公用房成本核算实施细则》，全面推进全额成本核算。修订《北京理工大学安全生产工作规程》，进一步完善安全生产责任体系建设；制定《北京理工大学实验室安全分类分级管理规定》，推动实验室安全精细化管理。2020年，修订《北京理工大学安全生产管理规定》，细化并完善了安全管理职责及奖惩措施；出台实验室安全分级分类管理、卫生环境管理等制度，提升实验室安全精细化管理水平；强化实验室日常管理，加强专职实验队伍建设，出台《实验室管理规定》等4项制度；修订《北京理工大学仪器设备、家具管理办法》，加强资产精细化管理；出台《北京理工大学教工公寓管理办法》，极大地提高了教工公寓的入住率。2021年，制定《北京理工大学危险化学品安全管理办法》《北京理工大学危险化学品安全事故专项应急预案》《北京理工大学实验室安全检查管理办法》《北京理工大学实验室安全培训管理办法》《北京理工大学环安卫基础设施设备管理办法》《北京理工大学易制毒、易制爆品中转室管理办法》《北京理工大学易制毒、易制爆品中转室应急处置方案》。

（2）信息化建设重在长效。

实验室与设备管理处以信息化建设为抓手，提高管理服务效能。2014年上线运行了"北京理工大学合同专用章管理系统"，简化了工作流程，提高了办事效率。

2015年，完成了实验室与设备管理处内部网站的更新换版，上线了"北京理工大学设备采购管理系统""专职实验人员管理系统"等，进一步提升实验室工作信息化水平，并推进了公平公正的工作风气。

"资实服务"截图

2016年，积极开展实验室安全监管工作的研究，用"互联网+"的手段提升学校实验室安全管理水平。为加强学校在实验室安全教育培训、安全检查、危化品管理等工作中的监管，提高管理工作质量，当年分别开发应用了"安全培训与考核平台""安全检查和隐患治理平台""化学品管理平台"三个管理平台，从而在学校实验室准入、实验室安全检查和隐患治理工作的规范化、化学品的全生命周期的监管等方面实现了信息化的管理手段。

2019年，为加强信息化工作顶层规划，制定了2019—2020年资产与实验室信息化工作方案。同时，搭建了实体实验室管理系统和新的仪器设备开放共享平台，均已启动运行。为提供便捷服务，完成资产与实验室管理处企业号窗口设计方案，已完成8项业务的上线。

2020年，完成实验室安全检查信息系统、实体实验室系统、设备开放共享系统、教师公寓管理系统等6个业务系统的试运行。形成了高性能计算中心建设方案，持续推进建设筹备工作。完成了工业生态楼、五号教学楼监控系统建设。

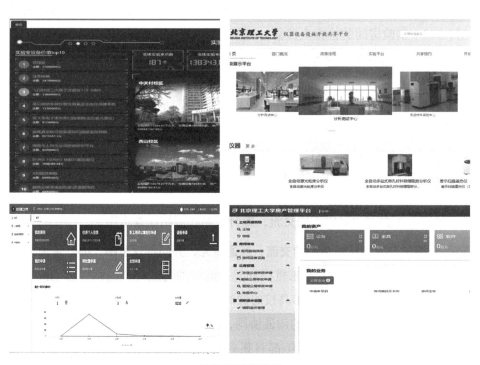

信息化系统截图

（3）内部控制重精细。

2020年，资产与实验室管理处加强内控制度建设，制定了资产与实验室管理处规章制度修订计划，梳理处内现有的规章制度，编印了《资产与实验室管理处规章制度汇编》，为各项工作提供制度规范，获得了相关管理部门、学院和实验室的一致好评。同时，还编印了《资产与实验室管理处工作手册》，完善公章管理细则、加班费发放实施细则、首问负责制实施细则等内部管理制度，为内部管理提供职业规范和行动指南。2021年，梳理了资产与实验室管理处所有业务的流程，编印了《资产与实验室管理处工作流程手册》。2022年，编印了《资产与实验室管理处2021—2022年规章制度汇编》。

（二）落实管理责任，开展安全检查和隐患排查治理

在2014年"安全生产月"和APEC会议前期，实验室与设备管理处组织各二级单位开展安全生产自查，同时，组织安全专家对三个校区的实验室进行现场检查，全年共排查安全隐患240处。

2019年，资产与实验室管理处建立校级实验室安全督查队伍，每月实现对1 340个实验房间的检查全覆盖。迎接上级（执法）部门安全检查10次，开展校级安全检查6次，下发检查通报4期、整改通知单15份，督促整改安全隐患247项。

2020年，资产与实验室管理处积极落实安全防护和疫情防控双重措施，加强实验室、地下空间和教师公寓的安全检查，扎实推进安全督导工作。自行开发并上线运行"BIT实验室安全检查信息系统"，融合703条安全检查"北理标准"，有效提升了检查规范性和效率。

（三）加强对内对外沟通交流，提升服务质量和管理水平

1. 促进与兄弟院校之间的交流，互通有无，开阔管理思路，提升管理水平

资产与实验室管理处历来重视和兄弟高校的沟通交流，积极参与兄弟高校的联席活动，多次接待兄弟高校的调研，开阔管理思路，提升管理水平。

2. 加强与学院部门之间的沟通协同，部署工作计划，落实管理举措

资产与实验室管理处每年都召集各学院、各相关部门召开实验室工作会，对上年度工作进行总结，同时，部署下年度工作计划，通过协同机制，

推动各项工作的落地实施。

3. 注重调研和研讨，及时发现问题，寻求解决对策和举措

资产与实验室管理处历来重视调查研究工作，通过调查研究及时发现管理中的问题，再通过研讨会，集思广益，寻求解决问题的对策。

四十年聚焦

引言

这是一个朝气蓬勃的集体，生机盎然，充满活力；

这是一个温暖幸福的集体，亲密无间，相互关爱；

这是一个团结奋进的集体，互勉互励，成绩斐然。

【1983—1993年】

1983年——实验室设备处成立

学校撤销器材设备处成立了实验室设备处,将器材设备处的供应科、设备科、仪表站,科研处的实验室科,生产处的技安科归口实验室设备处管理。

1984年——首次开展实验室验收评估

首次制定学校的《实验室验收评估标准》,将实验教学条件、实验室管理制度、实验室主任、实验室环境作为考核指标,开展实验室验收评估工作。

1985年——多渠道支持设备购置和设备自制改制

1985年12月7日,兵器工业部为了加强学校建设,特批复学校二期扩建工程("七五"计划),实验室设备处针对实验室的建设起草制定了学校仪器设备购置论证计划,同时划拨经费支持实验教学设备自制改制工作。

1986年——"世界银行贷款高等教育发展项目" 正式启动

"世界银行贷款高等教育发展项目"启动,学校获得96万美元的建设项目支持,集中建设了爆炸灾害预防控制实验室、信号处理与采集实验室、汽车动力性排放测试实验室、颜色科学与工程实验室以及阻燃材料实验室。

1987年——首次实验室评估工作取得显著效果

完成实验室验收评估工作总结,实验项目开出率由验收前的66%提高到99%,有38.7%的实验室单独开设了实验课,开出综合性实验的比例达到22.8%。

1988年——物资工作研讨会

北京理工大学、北京医科大学、北方交通大学、北京师范学院、北京航空航天大学等八所院校组织召开了北京地区八大联合团体首届技术物资工作研讨会，形成了技术物资购置、管理、人员培训的群众性学术组织的雏形。

1989年——首届高教仪器设备展示会

首次组织召开了高校民间订货会，也就是现在的技术物资研究会以及全国范围的高教仪器设备展示会。

1990年——出台第一个实验室开放文件

出台了《北京理工大学实验室向本、专科学生开放的若干规定》，支持教师利用实验室资源开设实验选修课程，提高学生的动手能力、实践能力和创新水平。

1991年——编印第一本《实验室简介》

实验室设备处组织编辑了北京理工大学第一本《实验室简介》，该简介系统介绍了学校实验室构成与发展历程，是学校实验室的一份珍贵的历史资料。

1992年——组织首次"安全生产周"活动

实验室设备处组织开展了学校历史上第一次"安全生产周"宣传活动，此项专题活动一直持续到现在。

1993年——制定实验室资源管理的首项制度

制定了《北京理工大学关于加强实验室房屋及其他资产管理的若干规定》，对实验室房屋及其他资产的管理作出了明确的规定，强化了对实验室资源的管理。

【1994—2003年】

1994年——安全生产领导小组成立

1994年，学校成立了安全生产领导小组，进一步加强了对学校安全生产工作的管理，完善了实验室安全生产管理责任体系。

1995年——机电一体化中心成立

日本无偿捐赠北京理工大学三千万元机电一体化设备，学校建立机电一体化中心。

1996年——国家重点实验室顺利验收

1996年9月，学校第一个国家重点实验室爆炸科学与技术实验室通过验收并正式对外开放，该实验室是我国爆炸领域唯一的一个国家重点实验室。

1997年——综合管理科成立

1997年7月，实验室设备处撤销世界银行贷款办公室，成立综合管理科，负责处内综合事务及仪器设备采购业务。

1998年——首次系统全面提出实验室建设与管理指导性意见

实验室设备处出台了《北京理工大学关于院（系）加强实验室建设与管理的意见》。该制度是北京理工大学历史上第一次对实验室建设与管理提出的较为系统全面的指导性意见。

1999年——教学实验基地顺利验收

学校"211工程"教学与公共服务体系10个教学实验基地项目通过验收。

2000年——实验室工作委员会成立

成立北京理工大学实验室工作委员会，开展清产核资工作。

2001年——实验室开放新政出台

修订出台了《北京理工大学实验室向学生开放管理办法》。保证了实验室开放工作组织实施更加有序、更加规范。

2002年——首次开展贵重仪器设备效益考核

首次对所有03类单价40万元以上的贵重仪器设备进行了效益考核，并编印成册。

2003年——首次开展实验室认定工作

实验室设备处于2003年出台了《北京理工大学关于实验室认定工作的指导意见》，开展对实验室的体制调整，按照"统一领导、分级管理、分类指导"的原则，对全校范围内的所有实验室进行认定登记。

【2004—2013年】

2004年——启用仪器设备管理新单据

启用了"仪器设备验收单""固定资产附件验收单""出厂号清单""固定资产转移单"等新单据,加强了对仪器设备的账务管理。

2005年——出台实验室工作条例

出台了《北京理工大学实验室工作条例》《北京理工大学实验室安全管理条例》《开放实验专项基金使用管理办法》。

2006年——实验教学示范中心和重点实验室建设成效显著

工程训练中心被认定为国家级实验教学示范中心,复杂系统智能与决策教育部重点实验室顺利获批。同年,物理教学实验中心、基础力学教学实验中心和工程训练中心被认定为北京市高等学校实验教学示范中心。

2007年——顺利迎接资产清查专项核查

顺利迎接了全国行政事业单位资产清查专项核查工作,开展了清产核资。

2008年——仪器设备类"固定资产管理平台"上线

仪器设备类"固定资产管理平台"上线,实现了仪器设备的信息化管理,规范了管理,提高了管理效率。

2009年——出台实验示范中心管理办法

出台了《北京理工大学实验示范中心管理办法》,加强了对校级实验教学示范中心的建设和培育,为国家级和省部级实验教学示范中心的申报奠定了良好的基础。

2010年——牵头制定高校相关安全生产标准

在北京市国防科工办的大力支持下,北京理工大学牵头,联合北京航空航天大学制定完成了适合高校特点的危险化学品和危险仪器设备的安全生产标准。

2011年——首次开展全校实验室队伍培训

加强实验队伍建设,首次开展全校实验室队伍的培训工作,提高实验队伍的业务水平和整体素质。

2012年——实验教学示范中心建设成绩斐然

机械与车辆学院的地面机动装备实验教学中心获批国家级实验教学示范中心，学校国家级实验教学示范中心数量达到3个。

工程训练实验教学示范中心和电工电子实验教学示范中心在教育部组织的验收工作中成绩均获北京高校同类中心的最高分。

自动化实验教学中心、光电实验教学中心、信息系统及安全对抗实验教学中心获批为工信部实验教学示范中心。

2013年——仪器设备开放共享工作开启崭新里程

出台了《北京理工大学仪器设备开放服务管理办法（试行）》，该办法的出台标志着学校的大型仪器设备开放共享工作进入了一个新阶段，对于推动学校的仪器设备开放共享工作和创新人才的培养有着重要意义。该办法比《国务院关于国家重大科研基础设施和大型科研仪器向社会开放的意见》（国发〔2014〕70号）早一年出台，并在2015年的全国高教学会开放共享制度评比中获得了第一名的好成绩。

【2014—2023年】

2014年——国家级虚拟仿真中心再获喜讯

"大学计算机虚拟仿真实验教学中心"进入教育部网上公示的"入选2014年国家级虚拟仿真实验教学中心"名单，成为继"武器系统虚拟仿真实验教学中心"后学校第二个国家级虚拟仿真实验教学中心。

2015年——分析测试分中心建设初具规模

统筹规划良乡校区分析测试中心建设，按计划完成具体建设工作；组织中心建设专家委员会讨论并制定中心管理运行办法及各类内部管理运行制度20余个。

2016年——创新提出实验室综合改革方案

重构实验室管理体制，提出实验室综合改革方案。综改方案以构建实体实验室体制为核心，包含专职实验队伍改革、实验室安全管理体系建设、实验室信息化建设等内容。

2017年——畅通实验队伍考核晋升渠道

进一步完善专职实验队伍改革方案，启动并完成了实验系列专技职务评聘条件的制定，完善了考核评价机制，制定了专职实验人员考核指导意见。

2018年——实验教学条件大幅改善

组织完成实训楼搬迁工作，优化布局工程训练中心、电工电子实验中心、地面机动装备实验教学中心等实验教学平台，进一步改善了实验教学条件。

2019年——房屋成本核算全面推进

出台了《北京理工大学公用房管理规定》和《北京理工大学学院公用房成本核算实施细则》，全面推进学院公用房成本核算工作。

2020年——公共实验平台"十三五"建设目标顺利完成

完成"十三五"实验平台"5+18"建设目标，推进"十四五"实验平台建设规划编制。完成5个工科教学实验中心搬迁和建设任务，启动文科相关教学实验中心建设项目论证工作。

2021年——仪器设备管理硕果累累

2021年，第六届全国自制教学设备大赛中荣获全国第一的佳绩。经过精心培育，从2016年全国前20、2018年全国第八跃升为2021年全国第一。

科技部大型科研仪器开放共享评价考核获评"良好"。自2018年以来，首次取得科技部考核良好成绩，在参评的82所高校中位列第25位。

2022年——核算型信息化资产管理初见成效

2022年，完成"资产—本账"系统建设，实现数据汇集、多层级展示、查询统计功能，提升资产统筹管理与信息化水平。同时，运用核算型信息化手段开展核心资源绩效考核，采用信息化手段进行房屋使用效率考核，对不合格房屋进行高收费。

薪 火 传 承

> **引言**
>
> 在这片充满智慧与激情的热土上,每一代人都秉持着同样的信念,坚守着同样的理想。这里的先驱者们以匠心独运的管理智慧,开拓进取的管理实践,点亮了前行的道路;这里的后来者们,如同接力赛的选手,紧握前辈传递的火炬,继续奔跑在追求卓越的路上。
>
> 这里的管理理念和管理实践,是稳健与创新的交融,是制度与人文的和谐。它如同一盏明灯,照亮了前行的方向,指引着我们在复杂多变的环境中找到正确的道路。
>
> 昨天,前辈们在这里播下了管理的种子,用他们的智慧和努力浇灌着它,使它生根发芽,茁壮成长。今天,我们接过这份重任,继续耕耘这片沃土,用我们的双手和智慧去培育它,让它在阳光下绽放出更加灿烂的光彩。
>
> 明天,我们将继续前行,将这份管理理念和管理实践传承下去,让它在时间的河流中生生不息、历久弥新。我们坚信,只要我们齐心协力、勇往直前、薪火相传,这里的明天一定会更加辉煌、更加强大。这里,就是我们的家园,我们永远珍视并传承的——资产与实验室管理处。

一、管理理念

（一）居安思危，坚持"有为有位"

资产与实验室管理处历来坚持"有为才有位"的管理理念。由于各校的发展历史和管理模式不同，有的高校设置了独立、归口的实验室管理部门，有的实验室管理机构的职能则分散在几个部门，多头领导，多头管理。随着高等教育的发展，最初设置的独立、归口的实验室管理机构也在高等学校内部管理体制改革中分分合合，几经变迁。实验室管理部门的特点决定了其只有不断加强自身建设，发挥应有的职能和影响力，才不会作为改革的对象而受到冲击和调整。从实验室设备处到资产与实验室管理处，处领导班子居安思危，增强全处人员"能行动、敢担当、有作为"的"有为"意识，带领全处人员在工作中重实干，抓实效，不仅是牵头的事干得好干得漂亮，而且配合和参与的事也积极协作不掉链子。四十年的努力才换来了今天的硕果累累。

（二）师生至上，坚持服务第一

四十年来，资产与实验室管理处一直秉承着"教师至上"的服务理念和"学生至上"的育人理念，坚持"以人为本，服务第一"的管理理念，以"全心全意为师生服务"为宗旨，以"师生满意"为一切工作的出发点和落脚点。资产与实验室管理处注重强化工作人员的服务意识，通过文化建设、交流培训等增强服务理念，强化于心，外化于行；注重加强与各学院和各部门的沟通联系，深入基层调研，充分听取各方意见建议；通过规章制度建设、业务流程完善、信息化建设、设立投诉意见通道等多手段多举措，将管理与服务有机结合；着力解决师生员工"急愁难盼"和"重点焦点难点"问题，提高管理效率，提升服务质量和服务水平。比如，实验室设备处2002年制定了"为全校师生拟办10件实事"，并把各项工作分解到各个科室，在工作中，每一名党员都能够履行自身职责，高质量、高水平地完成负责的任务。2001—2007年，实验室设备处连续多年在年度考核中被评为A类单位，相关管理岗位获得了机关服务示范岗，先后获得了"先进党支部""'三育人'先进集体"以及"综合治理先进单位"等荣誉称号。

（三）与时俱进，坚持求实创新

资产与实验室管理处历来坚持求实的工作作风，一切工作从实际出发，用发展的眼光看待一切。资产与实验室管理处的工作职责和部门性质决定了一切工作都应以事实为依据，无论是实验室管理、仪器设备资产管理，还是实验室安全管理，都必须脚踏实地，不能纸上谈兵。求实是了解现状，要通盘掌握实验室的人财物数据、仪器设备台账、安全隐患情况等数据，获取第一手信息；求实是发现问题，要通过第一手资料分析现状与目标的差距，探究问题产生的深层次原因，从而有针对性地解决问题；求实是挖掘想法，要与工作中相关的人增强联系，沟通想法，挖掘出他们真正的需求。不以求实为工作的出发点，那决策也就成了无本之木、无源之水。资产与实验室管理处领导班子在工作中反复强调不唯专家、不唯领导、不唯感情的"三不唯"，注重调查研究，用事实说话，立足现实，谋求发展。

创新是一个民族进步的灵魂，资产与实验室管理处历来重创新、谋发展。资产与实验室管理处历届领导班子都强调，要体现发展意识，不能守摊子；要增强规则意识，强调规则，按原则办事；在守正的基础上解放思想，把创新延伸到工作中来，要善于发现问题、研究问题、解决问题，善于寻找探索规律，通过不断创新，系统性地研究推进各项业务，充实自我，提升业务水平和综合素质，增强业务本领，追求卓越。

（四）知己知彼，坚持调查研究

资产与实验室管理处历来注重调查研究。历届领导班子都对调查研究提出了明确的要求。首先是校内调查研究，全处人员以个人或小组形式定期不定期地深入实验室开展调查研究，了解全校实验室情况，包括实验室位置、面积、人员等相关信息，以及教师的科研、教学情况，信息化牵引业务改革和制度修订，以便做出对集体和学校有益的决策。其次是给全处人员提供校外调查研究和学习交流的机会，全处人员都应思考各科室工作，提出调研方向、调研对象、调研提纲，针对性地学习需要解决的问题；通过调研汲取优秀高校的学习管理经验，不断提高自身能力和业务水平。

资产与实验室管理处历来坚持群众路线。历届领导班子都反复强调要站在群众的角度干工作，要依靠群众，团结统一，执行政策，严守纪律，戒骄戒躁，艰苦奋斗；要发挥党建引领作用，强化责任担当，增强以师生为中心的服务意识，持续加强党风廉政建设，突出质量、贡献和特色；要坚持国家和人民的利益高于一切，学习革命英雄主义精神、革命乐观主义精神、革命忠诚精神，重温历史，将历史精神在社会应用中发挥作用，树立典范，不局限于现状，多触类旁通，考虑历史和现实状况处理问题；要了解群众、关心群众，想师生之所想，急师生之所急，保持责权利统一；要坚持目标导向，研究问题，了解自己；同时坚持问题导向，了解自己的工作，了解同事的工作和其他部门的工作，做到对症下药，真正解决关系到群众切身利益的问题。

二、管理实践

（一）坚持推动实验室体制改革

四十年来，资产与实验室管理处持续推动实验室体制改革，并取得了明显成效。针对原有实验室体制分散、各自为政、相对封闭、重复建设、资源分散等弊端，坚持体制改革先行的思路，按照"促进学科交叉融合、优化实验教学体系、加强实验室综合管理、完善实验室运行机制"的原则，从人才培养和教学改革的需要出发统筹规划，对实验室的管理体制进行调整和改革，确保实验室形成规模、形成系统，真正成为人才培养的重要基地。1990年，制定了《北京理工大学实验室建制管理暂行办法》；2003年，下发了《北京理工大学关于实验室认定工作指导意见》；2007年，学校以本科教学工作水平评估为契机，制定了《北京理工大学加强实验室体制管理实施意见》；2016年开始，学校着手重构实验室管理体制，推动实验室综合改革，构建了实体实验室管理体系，关于实体实验室的研究探索——《基于实体实验室体系的科教融合型实践创新能力培养模式实践》于2022年获得了北京市教育成果二等奖。四十年间，学校的实验室数量从1987年的58个增加185个，实验室管理和建设水平不断提升，教学科研活动的实验保障能力显著增强。

（二）坚持统筹谋划实验室建设

实验室规划建设是资产与实验室管理处立身之本，四十年来，资产与实验室管理处本着"育人为本、实践成才"的建设思路，牢固树立先进的办学思想和创新理念，遵循"有利于提高教学科研及学科水平、有利于提高投资效益、有利于加强管理"的原则，统筹规划各级各类实验室的建设。主要分4个层次建设各级各类实验室：一是重点建设受益面大、对培养学生创新能力和科学素质影响重大的公共基础实验平台；二是重点建设具有集成、设计和创新教育功能的大专业综合实验基地；三是重点建设学生文化素质教育基地；四是重点建设各级各类学科专业实验室和重点实验室。自2016年起，按照学校统一规划和部署，资产与实验室管理处着手推动公共实验平台建设，已经建成5+18个"公管共用、科教融合"的公共实验平台。高水平实验室的建成不但为科学研究、承担国家重大科技攻关项目提供了物质条件，同时也成为学校创新人才培养的重要基地。

（三）坚持促进实验室开放共享

学校不断转变教育思想，充分利用实验室资源条件，坚持向学生开放，充分发挥实验室的育人功能。首先，建立科学的管理制度，为实验室开放工作提供制度保障。1990年，学校制定了《北京理工大学实验室向本、专科学生开放的若干规定》，使实验室向学生开放工作逐步制度化和规范化。2001年，学校又制定了《北京理工大学实验室向学生开放管理办法》和《开放实验专项基金使用管理办法》，保证了实验室开放工作组织实施更加有序、更加规范。为了推动仪器设备开放共享工作，2013年学校又出台了《北京理工大学仪器设备开放服务管理办法（试行）》，该办法的出台标志着学校的大型仪器设备开放共享工作进入了一个新阶段，对于推动学校的仪器设备开放共享工作和创新人才的培养有着重要意义。该办法比《国务院关于国家重大科研基础设施和大型科研仪器向社会开放的意见》（国发〔2014〕70号）早一年出台，并在2015年的全国高教学会开放共享制度评比中获得了第一名的好成绩。其次，充分利用信息网络手段加强实验室开放科学管理。此外，学校采取有效措施，调动学生参加实验室开放工作的积极性。

三十多年的实验室开放实践，使学校的实验室开放工作逐步进入"有计划培养、专家教授指导、阶段性研究课题"培养模式的新阶段，为学生实现知识、素质和能力的协调发展创造了条件，使学生在本科期间就能较早地进入科学研究领域，学习先进的科学技术，在培养创新人才方面发挥了重要作用。

（四）坚持加强实验队伍建设

学校历来重视实验队伍建设。为了加强对实验队伍的管理，确保岗责明晰，1999年，实验室设备处出台了《北京理工大学实验室工作人员岗位职责》，明确了各类实验室工作人员的岗位职责。2005年起草了《北京理工大学关于加强实验技术队伍建设的实施意见》，明确了实验队伍建设的指导思想。2016年，制定了《北京理工大学专职实验人员考核指导意见》，从考核角度对专职实验人员管理提出了指导性意见。为了体现实验室工作的重要性，学校重视实验室主任的选拔工作，要求实验室主任必须由思想作风好、学术造诣深、技术水平高、组织能力强、热心实验室工作的同志担任；同时学校在部分受益面大的教学实验室和重点实验室设立主任关键岗位，充分调动了实验室主任的积极性。学校每年选拔优秀的硕士毕业生充实到实验室岗位，防止断层缺档，为实验室的发展注入了新的活力。同时，学校制定有关政策，支持年轻的实验技术人员申报在职攻读学位；实行实验系列高级专业技术职务单独评聘制度；鼓励有条件的实验技术人员开设实验课，积极进行实验教学改革，编写实验教材等。通过以上措施优化了队伍结构，提高了实验队伍的业务水平和管理水平，为实验教学、科学研究提供了有力保障，提高了人才培养质量。

（五）坚持提升安全管理水平

学校历来重视实验室安全管理，四十年来，持续提升实验室安全管理水平。1994年，学校成立了安全生产领导小组。2000年以来，根据学校学科特点和实验室工作的特殊性，实验室设备处重点建设和完善"教育、预防、整改"三项措施，构建"教育在先、预防为主、整改不断"为核心内容的高校安全生产管理模式，进一步完善了实验室安全生产管理责任体系；规范了实验室安全监督检查机制；先后出台了一系列的实验室安全管理规章制度，促进了实验室安全管理的规范化；建立了实验室安全检查通报制度；成立了危险化学品监督检查专家组，建立了危险化学品安全存放使用承诺制度，组织实施研究生从事危险化学品实验的准入制度，加强易燃易爆危险化学品、特种设备、射线装置的监督管理；每年精心组织"安全生产月"活动；围绕实验室安全文化建设开展安全意识的培养、安全管理方式的转变、安全激励机制的建立、安全活动质量的提高等安全文化建设，提升实验室安全工作水平，实现从"要我安全"到"我要安全"的转变，提高实验室的本质安全。

（六）坚持制度先行，规范流程

资产与实验室管理处历来坚持"师生至上"的服务理念，重视实验室规章制度建设，坚持服务至上，制度先行。

规章制度建设是行政管理工作的重要组成部分，是实施依法行政，规范办事程序的重要依据。资产与实验室管理处历来重视规章制度建设，将制度建设作为本处管理工作的重要内容之一。1999年，为了适应实验室建设、发展和改革的需要，切实提高实验室的管理水平，使学校的实验室管理工作走向科学化、规范化和制度化管理的轨道，使实验室工作人员有章可循，实验室设备处对历年来制订的且仍在执行的文件按照实验室建设与管理、仪器设备购置与管理、技术安全与劳动保护等部分进行分类、整理，编印成册，为发挥实验室的社会效益和经济效益做出积极的贡献。

自2000年来，根据国家和上级部门新颁布的法律法规，结合学校实际情况，制定了新的规章制度，并对原有规章制度进行了修订。2006年1月，实验室设备处编印了《实验室设备处规章制度汇编》（以下简称《汇编》），系统梳理了学校实验室与仪器设备管理工作中正在执行的所有规章制度。为了便于读者学习掌握国家和上级部门相应的法律法规，了解学校有关规章制度的订立依据，在《汇编》中还收录了部分有关实验室和仪器设备方面的国家和上级部门的法律法规,供师生员工学习参考。《汇编》中收录的规章制度分为"国家法律法规""部委法律法规""北京法律法规"和"学校规章制度"共四部分,其中每部分按照"招标采购""实验室建设与管理""仪器设备管理""技安环保"四个内容进行分类排序。《汇编》的编印,标志着构建了一套较为系统、完善的规章制度体系指导学校的实验室及仪器设备管理工作。

2020年12月,资产实验室管理处再次对国家及上级部门相关的规章制度以及学校现行的所有规章制度进行了系统梳理,编印了《规章制度汇编》。两次规章制度的编印推动了实验室管理的科学化、规范化,为各学院的实验室管理工作提供了政策指导和依据,为师生员工提供了便利,也为兄弟高校

制度汇编

的实验室建设与管理工作提供了一定借鉴作用，获得了实验室和兄弟院校的一致好评。

每一次实验室体制调整完毕，资产与实验室管理处均编辑实验室简介。1991年，实验室设备处组织编辑了北京理工大学第一本《实验室简介》，该简介系统地介绍了学校实验室的构成与发展历程，是学校实验室的一份珍贵的历史资料。2007年和2010年，实验室设备处（实验室与设备管理处）又两次编印了《北京理工大学实验室概览》，对实验室现状及其发展的介绍，不仅有利于促进实验室全面开放，实现资源共享，发挥实验室和仪器设备的效益，还有利于扩大学校在各个领域的影响。

实验室概览

资产与实验室管理处一直秉承着"服务至上"的管理理念，重视内部控制建设和业务流程完善。为了促进管理规范化、透明化，提高管理效率，提升服务质量，2006年，实验室设备处编印了《实验室设备处管理服务指南》，指南囊括了实验室设备处的管理服务职能、科室设置与管理职能、管理岗位与管理职责以及学院实验室设备管理的主要岗位及工作职责，同时，系统梳理了仪器设备采购、实验室建设与管理、仪器设备管理、技术安全与环境保护等日常管理事务与工作流程。2020年年底，资产与实验室管理处根据形势变化，结合实际情况编印了《资产与实验室管理处工作手册》，作为处内人员工作的职业规范和行动指南，囊括了组织机构及职责、学校和处内的相关管理制度和管理程序等诸多内容。2021年年底，资产与实验室管理处结合2020年度编制的《规章制度汇编》全面梳理了业务流程，编印了《资产与实验室管理处业务流程手册》。2006年的管理服务指南相当于2020年工作手册和2021年业务流程手册的合体本。

工作手册

资产与实验室管理处历经了四十年的发展，在历任领导班子的带领下，理顺了机制体制和管理职责，同时建立健全了内部管理的各项规章制度，明确了领导班子管理分工和科室职责。2003年以来，先后制定了《处内关于依法行政，规范办事程序，提高管理水平的若干规定》等文件制度；2006年，制定了处内《治理商业贿赂长效机制的实施方案》，每年均与相关责任人签订党风廉政建设等责任书，切实提高了处内人员的自我约束力，保证了全处工作的有序开展。同时，资产与实验室管理处以改变传统的管理模式为基础，创新机制体制，通过构建处内业务管理平台和实验室综合管理平台，打破业务部门与学院、实验室之间的管理壁垒，逐步实现业务流程一体化管理，网络信息一站式服务。

芳 华 流 年

引言

这里的每一个人都志存高远、脚踏实地；这里的领导如师亦友，这里的同事非亲似亲，这里充满了欢笑、友爱、真诚、关心、信任；我们对这里怀着深深的热爱和眷恋之情。昨天，在这里，我们曾经奉献青春、挥洒热血，在这里，留下了我们人生最美好的回忆。今天，我们将继续无怨无悔地付出，只愿明天、明天的明天，这里会更好更强。这里，就是资产与实验室管理处，我们永远深爱的地方。

轻捻流年芳华，细品岁月沉香

前路珍重，惟愿安好

1989—1991年，实验室设备处人员参加各类培训学习

1989—1991年,实验室设备处人员参加各类培训学习(续)

1994年,实验室管理科人员　　　　1995年,党员发展大会

1996年,实验室工作研讨会　　1998年,全国高校基础课教学实验室评估专家研讨班

2004年10月，党支部组织参观西柏坡纪念馆　2005年7月，世界银行贷款项目组交流研讨会

2005年，综合科人员　　　　　　　　　　2005年，设备科人员

2005年6月，全体党员

2008年11月29日，凤山活动

2008年，综合科人员

2008年，实验室科人员

2008年，设备科人员

2008年，技安科人员

2010年6月5日,密云黑龙潭活动

2011年6月11日,怀柔卧龙山庄活动

2012年1月,机关新年联欢会表演小品《称谓趣事》

2012年6月30日,支部学习暨党员转正大会

2012年11月3日,国有资产管理处参观韩村河

2013年1月16日,新年团拜会

2013年1月23日,机关新年联欢会表演《实设服务style》

2013年3月8日，为全体女同志庆祝节日

2013年，实验室与设备管理处全体人员

2013年，综合科人员　　　　　　　　2013年，实验室科人员

2013年，设备科人员

2013年，技安科人员

2014年1月6日，国有资产管理处党风廉政建设工作会

2014年10月，综合科人员

2014年10月，实验室科人员

2014年10月，设备科人员

2016年3月27日，健步走活动

2016年6月30日，国有资产管理处重温入党誓词

2017年,参观"砥砺奋进的五年"展览

2018年3月22日,观看电影《厉害了我的国》

2018年4月3日,国有资产管理处聚焦全国两会　　2018年4月20日,国有资产管理处党支部参观航天城

2018年5月19日,平谷参观学习

2018年6月，"课间操"时间

2018年10月，组织参观工信部"学习贯彻习近平总书记关于脱贫攻坚重要论述专题展览"

2018年11月，联合机关党委赴山西省吕梁市开展主题党日活动

2019年4月，赴西山实验区开展主题活动

2019年6月22日，参观平西抗日纪念馆

2019年10月16日，郑州大学实验室管理中心党支部来资产与实验室管理处党支部进行调研

2019年10月16日，参观"'奋斗的印象 奋进的脚步'——新华社镜头中的北理工专题图片展览"

2019年10月17日,北京航空航天大学等三所高校资产或实验室管理部门党支部来资产与实验室管理处党支部进行调研

2019年11月,北京五校八支部共同开展主题党日活动

2020年9月23日,80周年校庆活动

2020年9月23日，80周年校庆活动（续）

2021年4月，赴红旗渠开展党史学习教育实践

2021年5月16日,北京香山革命纪念地主题党日活动

2021年5月20日,参观"伟大征程——庆祝中国共产党成立100周年特展"

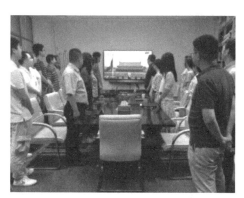 

2021年7月1日,观看庆祝中国共产党成立100周年大会

2021年7月2日，举办主题党日活动

2021年9月，"健身抗疫"活动

2021年3月11日，"小学生乐队"汇报演出

2021年4月6日,兄弟高校交流观看"小学生乐队"演出

2022年,元旦联欢会

2023年3月30日，校史馆和国防科技成就展专题参观

2023年6月28日，奥森公园健步走活动

2023年8月25日，主管校领导指导主题教育专题民主生活会

2023年11月8日，主管校领导到资产与实验室管理处调整后的办公室视察指导

2023年11月25日，赴嘉兴南湖开展主题党日活动

2023年11月25日,赴嘉兴南湖开展主题党日活动

附 录

> **引言**
>
> 我们用记忆记录曾经来过的人或曾经发生的事,我们用时光来留念或憧憬。不忘历史,不忘过去,只为走向更美好的未来。

附录一　人员情况

曾在资产与实验室管理处工作的人员名单

序号	姓名	备注
1	刘榘忠	退休
2	史荣昌	退休
3	赵树东	退休
4	刘鑫	退休
5	胡燕	退休
6	杜喜然	退休
7	苏家芬	退休
8	仲崇娟	退休
9	高仲明	退休
10	宋银根	退休
11	邓慧云	退休
12	姜淑琴	退休
13	王淑霞	退休
14	张连	退休
15	宋利军	退休
16	王念丽	退休
17	王秀銮	退休
18	刘艾艾	退休
19	董常娟	退休

续表

序号	姓名	备注
20	李庆常	调离
21	席巧娟	调离
22	汤建平	调离
23	庞思勤	调离
24	刘照同	调离
25	左建华	调离
26	熊景杰	调离
27	刘德梅	调离
28	赵忠明	调离
29	李娅	调离
30	郭雍光	调离
31	李淑明	调离
32	王振安	调离
33	高建立	调离
34	李立平	调离
35	徐波	调离
36	何昌杰	调离
37	李其民	调离
38	关馨	调离
39	马忠民	调离
40	侯春英	调离
41	金军	调离
42	周勇	调离
43	朱光辉	调离
44	张淑玲	调离
45	于晓勇	调离
46	李宏儒	调离
47	杨威	调离
48	蒋耘晨	调离
49	彭绍春	调离

续表

序号	姓名	备注
50	马涛	调离
51	赵保军	调离
52	刘昕戈	调离
53	兰山	调离
54	刘博联	调离
55	范强锐	调离
56	李晋	调离
57	施瑞	调离
58	张帅	调离
59	刘琦	调离
60	高培峰	调离
61	王昭	调离
62	鲍锐	调离
63	高峰	调离
64	李姝璇	调离
65	李世青	调离
66	刘涛	调离
67	戴陈其	调离
68	曲大成	调离
69	宋希博	调离
70	谷千军	调离
71	张玮	调离
72	武越文	调离
73	刘萍	调离
74	闫雪军	调离
75	张梦雯	调离
76	韩兴杰	调离
77	陈子奇	调离
78	耿俊明	调离
79	张学利	调离

续表

序号	姓名	备注
80	周东成	调离
81	刘贵全	调离
82	林国庆	调离
83	韩峰	调离
84	张福洲	调离
85	郭辉	调离
86	霍景彪	调离
87	王国强	调离
88	宋宝华	调离
89	于文革	调离
90	应守昌	调离
91	邓建新	调离
92	赵庆祥	已故
93	王明来	已故
94	李盼兴	已故
95	张秀英	已故
96	吴宝中	已故
97	黄顺章	已故
98	霍修金	已故
99	贾振祥	已故
100	宋少锋	已故
101	李素英	已故

现在资产与实验室管理处工作的人员名单

序号	姓名	备注
1	张东	在职
2	史天贵	在职
3	刘云飞	在职
4	栗兴	在职
5	郭宏伟	在职
6	张晓丹	在职
7	张继霞	在职
8	洪梅	退休返聘
9	李欢	在职
10	王薇	在职
11	刘梓雅	在职
12	赵睿英	在职
13	李继峰	在职
14	战莉	在职
15	曹康	在职
16	姚朋君	在职
17	曲佳皓	在职
18	杨正	在职
19	张扬	在职
20	左哲宇	在职
21	张美旭	在职
22	刘人天	在职
23	柳英	退休返聘
24	虞振飞	在职
25	曲运波	在职
26	杨琴	在职
27	曾雪莉	在职
28	刘博睿	在职

附录二 出台规章制度一览

序号	制定部门	分类	规章制度名称	文号	备注
1	实设处	实验室管理	北京理工大学实验教学收费及管理暂行办法	校实字(89)08号	已废止
2	实设处	实验室管理	北京理工大学实验室向本、专科学生开放的若干规定	(90)实字01号	已废止
3	实设处	实验室管理	北京理工大学实验室建制管理暂行办法	(90)实字03号	已废止
4	实设处	实验室管理	北京理工大学关于统一学生实验报告用纸的通知	(90)实字05号	已废止
5	实设处	实验室管理	北京理工大学自制（改制）实验仪器设备专款管理暂行办法	(91)实字02号	已废止
6	实设处	实验室管理	北京理工大学关于加强实验室房屋及其他资产管理的若干规定	校字(93)22号	已废止
7	实设处	实验室管理	北京理工大学教学实验费和教学设备费管理暂行办法	校实字〔1995〕01号	已废止
8	实设处	实验室管理	北京理工大学关于院（系）加强实验室建设与管理的意见	实设字〔1998〕03号	已废止
9	实设处	实验室管理	北京理工大学实验室工作档案管理暂行办法	实设字〔1999〕15号	已废止
10	实设处	实验室管理	北京理工大学实验室基本信息的收集整理暂行办法	实设字〔1999〕15号	已废止
11	实设处	实验室管理	北京理工大学实验室工作人员岗位职责	实设字〔1999〕15号	已废止
12	实设处	实验室管理	北京理工大学关于院（系）加强实验室建设与管理的意见	实设字〔1998〕03号	已废止
13	实设处	实验室管理	北京理工大学实验室工作档案管理暂行办法	实设字〔1999〕15号	已废止

续表

序号	制定部门	分类	规章制度名称	文号	备注
14	实设处	实验室管理	北京理工大学实验室工作人员岗位职责	实设字〔1999〕15号	已废止
15	实设处	实验室管理	北京理工大学实验室基本信息的收集整理暂行办法	实设字〔1999〕15号	已废止
16	实设处	实验室管理	北京理工大学实验室向学生开放管理办法	实设字〔2001〕01号	已废止
17	实设处	实验室管理	开放实验专项基金使用管理办法	实设字〔2001〕08号	已废止
18	实设处	实验室管理	北京理工大学关于实验室认定工作指导意见	实设字〔2003〕10号	已废止
19	实设处	实验室管理	北京理工大学国家级重点实验室主任聘任及考核办法	校办字(94)57号	已废止
20	实设处	实验室管理	北京理工大学国家级重点实验室学术委员会组织和工作条例	校办字(94)57号	已废止
21	实设处	实验室管理	北京理工大学设置重点实验室主任岗位实施细则（试行）	校办字〔1998〕32号	已废止
22	实设处	实验室管理	北京理工大学关于加强计算机实验室管理的若干规定	校办字〔1999〕48号	已废止
23	实设处	实验室管理	北京理工大学国家级重点实验室学术委员会组织和工作条例	校办字〔1994〕57号	已废止
24	实设处	实验室管理	北京理工大学国家级重点实验室主任聘任及考核办法	校办字〔1994〕57号	已废止
25	实设处	实验室管理	北京理工大学教学实验费和教学设备费管理暂行办法	校办字〔1995〕01号	已废止
26	实设处	实验室管理	北京理工大学设置重点实验室主任岗位实施细则	校办字〔1998〕32号	已废止
27	实设处	实验室管理	北京理工大学关于加强计算机实验室管理的若干规定	校办字〔1999〕48号	已废止
28	实设处	实验室管理	北京理工大学实验室工作条例	校办字〔2005〕80号	已废止
29	实设处	实验室管理	北京理工大学加强实验室体制管理实施意见	实设发〔2007〕33号	已废止
30	实设处	实验室管理	北京理工大学实验示范中心管理办法	学校令第25号	在用
31	实设处	实验室管理	北京理工大学关于聘任国家级实验教学示范中心教学指导委员会的通知	校发〔2018〕6号	在用
32	实设处	实验室管理	北京理工大学学生参加实验安全管理办法	办发〔2018〕49号	在用

续表

序号	制定部门	分类	规章制度名称	文号	备注
33	实设处	实验室管理	北京理工大学实验室研究项目管理办法	办发〔2018〕55号	在用
34	实设处	实验室管理	北京理工大学专职实验人员考核实施意见	办发〔2018〕56号	在用
35	实设处	安全管理	北京理工大学安全生产工作条例	第85号令	已废止
36	实设处	设备采购	北京理工大学关于加强仪器设备采购的管理规定	实设字〔1997〕01号	已废止
37	实设处	设备采购	北京理工大学"211工程"仪器设备购置管理办法	校办字〔1997〕106号	已废止
38	实设处	设备采购	北京理工大学采购与工程项目合同管理办法	校办字〔2003〕116号	已废止
39	实设处	设备采购	北京理工大学实行政府集中采购制度的规定	校办字〔2003〕117号	已废止
40	实设处	设备采购	北京理工大学采购与付款内部控制管理办法	校办字〔2003〕61号	已废止
41	实设处	设备采购	北京理工大学大宗物资采购管理及招标投标管理暂行规定	校办字〔2005〕21号	已废止
42	实设处	设备采购	北京理工大学大宗物资采购管理及招投标管理暂行规定	校办字〔2005〕21号	已废止
43	实设处	设备采购	北京理工大学仪器设备类物资采购管理办法	校办字〔2005〕22号	已废止
44	实设处	设备采购	北京理工大学关于进一步做好进口仪器设备免税工作的通知	校办字〔2005〕3号	已废止
45	实设处	设备采购	北京理工大学关于实行办公家具定点采购制度的规定	实设发〔2007〕10号	已废止
46	实设处	设备采购	北京理工大学采购管理办法（试行）	北理工发〔2017〕5号	已废止
47	实设处	设备管理	北京理工大学大型、精密、贵重仪器设备单独立户管理办法	(90)实字04号	已废止
48	实设处	设备管理	北京理工大学仪器设备管理办法	实设字〔1999〕14号	已废止
49	实设处	设备管理	北京理工大学实验室仪器设备损坏丢失赔偿处理暂行办法	实设字〔1999〕15号	已废止
50	实设处	设备管理	北京理工大学自制(改制)实验仪器设备专款管理暂行办法	实设字〔1991〕02号	已废止
51	实设处	设备管理	北京理工大学仪器设备类档案管理办法	校办字〔1998〕54号	已废止

续表

序号	制定部门	分类	规章制度名称	文号	备注
52	实设处	设备管理	北京理工大学贵重仪器设备效益考核管理办法	校办字〔2004〕31号	已废止
53	实设处	设备管理	北京理工大学贵重仪器设备效益考核办法	校办字〔2004〕31号	已废止
54	实设处	设备管理	北京理工大学仪器设备管理办法	校办字〔2005〕81号	已废止
55	实设处	设备管理	北京理工大学贵重仪器设备管理办法	校办字〔2005〕82号	已废止
56	实设处	设备管理	北京理工大学仪器设备开放服务管理办法（试行）	校发〔2013〕71号	已废止
57	实设处	设备管理	北京理工大学贵重仪器设备效益考核管理办法	办发〔2018t〕53号	在用
58	实设处	设备管理	关于2016年资产清查盘亏仪器设备的赔偿方案	办发〔2018〕54号	在用
59	实设处	设备管理	北京理工大学仪器设备丢失赔偿管理办法	办发〔2018〕58号	在用
60	实设处	设备管理	北京理工大学仪器设备开放基金管理办法	办发〔2018〕59号	在用
61	实设处	安全管理	北京理工大学压力容器安全管理暂行规定	(91)实字03号	已废止
62	实设处	安全管理	北京理工大学技术安全管理规定	校办字(93)23号	已废止
63	实设处	安全管理	北京理工大学技安员职责条例	校办字(93)23号	已废止
64	实设处	安全管理	北京理工大学实验室安全管理规定	实设字〔1998〕02号	已废止
65	实设处	安全管理	北京理工大学关于涉及危险品的横向科研、校办产业的安全管理规定	校办字(1994)50号	已废止
66	实设处	安全管理	北京理工大学三级危险点巡回检查制度	校办字〔1997〕84号	已废止
67	实设处	安全管理	北京理工大学关于从事有害健康人员营养保健等级和标准的实施细则	实设字〔1998〕22号	已废止
68	实设处	安全管理	北京理工大学化学危险品分类目录及安全管理规定	校办字〔1999〕04号	已废止
69	实设处	安全管理	北京理工大学化学危险品购买、储存、生产、使用、运输和销毁的管理办法	校办字〔1999〕04号	已废止

续表

序号	制定部门	分类	规章制度名称	文号	备注
70	实设处	安全管理	北京理工大学关于学生参加化学危险品实验的安全管理规定	校办字〔1999〕04号	已废止
71	实设处	安全管理	北京理工大学化学危险品专家管理系统的检查制度	校办字〔1999〕04号	已废止
72	实设处	安全管理	北京理工大学实验室禁止吸烟的管理办法（试行）	校办字〔1999〕07号	已废止
73	实设处	安全管理	北京理工大学西山火、炸药库使用管理办法	校办字〔1999〕67号	已废止
74	实设处	安全管理	北京理工大学关于学生参加化学危险品实验的安全管理规定	校办字〔1999〕04号	已废止
75	实设处	安全管理	北京理工大学化学危险品分类目录及安全管理规定	校办字〔1999〕04号	已废止
76	实设处	安全管理	北京理工大学西山实验区安全管理办法	校办字〔2001〕68号	已废止
77	实设处	安全管理	北京理工大学实验室技安环保检查制度	校办字〔2004〕68号	已废止
78	实设处	安全管理	北京理工大学危险化学品安全管理补充规定	校办字〔2004〕68号	已废止
79	实设处	安全管理	北京理工大学实验室安全管理条例	校办字〔2005〕71号	已废止
80	实设处	安全管理	北京理工大学危险化学品安全管理办法	校办字〔2005〕72号	已废止
81	实设处	安全管理	北京理工大学危险化学品安全管理规定	校办字〔2005〕72号	已废止
82	实设处	安全管理	北京理工大学特种设备安全管理规定	校办字〔2005〕73号	已废止
83	实设处	安全管理	北京理工大学放射防护管理规定	校办字〔2005〕74号	已废止
84	实设处	安全管理	北京理工大学废弃化学试剂处理管理规定	校办字〔2005〕75号	已废止
85	实设处	安全管理	北京理工大学劳动防护用品管理规定	校办字〔2005〕76号	已废止
86	实设处	安全管理	关于进一步加强危化学品管理的补充规定	校办字〔2006〕31号	已废止
87	实设处	安全管理	关于进一步加强危化学品管理的补充规定	校办字〔2006〕47号	已废止
88	实设处	安全管理	关于成立北京理工大学危险化学品监督检查专家组的决定	校办字〔2006〕60号	已废止

续表

序号	制定部门	分类	规章制度名称	文号	备注
89	实设处	安全管理	北京理工大学西山实验区爆炸品跟踪管理规定	校保发〔2007〕17号	已废止
90	实设处	安全管理	北京理工大学西山实验区进出车辆管理暂行规定	校保发〔2007〕18号	已废止
91	实设处	安全管理	北京理工大学实验室防火安全管理规定（试行）	校实设发〔2007〕22号	已废止
92	实设处	安全管理	北京理工大学环境保护管理办法	校实设发〔2008〕2号	已废止
93	实设处	安全管理	实验室与设备管理处危险废物突发事件应急预案	办发〔2012〕20号	已废止
94	实设处	安全管理	北京理工大学安全生产经济奖惩实施细则	校发〔2013〕14号	已废止
95	实设处	安全管理	关于从事有害健康工种人员营养保健等级和标准的实施细则	校发〔2013〕70号	已废止
96	实设处	安全管理	北京理工大学实验室安全管理办法	校发〔2018〕30号	在用
97	实设处	安全管理	北京理工大学放射防护管理规定	办发〔2018〕50号	在用
98	实设处	安全管理	北京理工大学特种设备安全管理规定	办发〔2018〕51号	在用
99	实设处	安全管理	北京理工大学实验室化学废弃物处置管理规定	办发〔2018〕52号	在用
100	实设处	安全管理	北京理工大学2018年"安全生产月"活动方案	办发〔2018〕60号	在用
101	国资处	公房管理	北京理工大学学院公用房核算管理办法（修订）	北理工发〔2015〕41号	在用
102	国资处	公房管理	北京理工大学人民防空工程和普通地下室安全使用管理办法	北理工发〔2017〕19号	在用
103	国资处	公房管理	北京理工大学公用房屋出租管理暂行规定	第10号令	已废止
104	国资处	公房管理	北京理工大学学院公用房核算管理办法（试行）	第24号令	在用
105	国资处	公房管理	北京理工大学关于人防工程管理规定	校办字〔2005〕31号	已废止
106	国资处	公房管理	北京理工大学人防系统保密管理规定	校办字〔2006〕21号	已废止
107	国资处	住房管理	北京理工大学"理工睿府"小区住房管理细则	办发〔2018〕25号	在用

续表

序号	制定部门	分类	规章制度名称	文号	备注
108	国资处	住房管理	北京理工大学教职工物业服务、采暖补贴办法	北理工发〔2016〕21号	在用
109	国资处	住房管理	北京理工大学无房职工供暖补贴暂行办法	第8号令	已废止
110	国资处	住房管理	北京理工大学关于二期安居工程校外住户物业管理费和取暖费的规定	校办字〔2001〕47号	已废止
111	国资处	住房管理	北京理工大学关于职工住房补贴的核算和管理办法	校办字〔2001〕51号	已废止
112	国资处	住房管理	北京理工大学关于离退休职工住房补贴的实施细则	校办字〔2001〕52号	已废止
113	国资处	住房管理	北京理工大学进一步深化住房制度改革、实施住房补贴的暂行办法	校办字〔2002〕85号	已废止
114	国资处	住房管理	北京理工大学校内已购公有住房上市交易暂行办法	校发〔2012〕3号	已废止
115	国资处	资产管理	北京理工大学家具资产管理暂行办法	第3号令	已废止
116	资实处	公房管理	北京理工大学学院公用房成本核算实施细则	北理工办发〔2019〕88号	在用
117	资实处	公房管理	北京理工大学科研协议用房管理办法（试行）	北理工办发〔2022〕19号	在用
118	资实处	公房管理	北京理工大学公用房调整配置工作细则	北理工办发〔2023〕30号	在用
119	资实处	公房管理	北京理工大学公用房管理规定	北理工发〔2019〕42号	在用
120	资实处	设备管理	北京理工大学自制实验教学仪器设备大赛管理办法（试行）	资实〔2022〕66号	在用
121	资实处	实验室管理	北京理工大学公共实验室管理办法	资实〔2020〕44号	在用
122	资实处	实验室管理	北京理工大学实体实验室考核办法	资实〔2020〕44号	在用
123	资实处	实验室管理	北京理工大学实验室管理规定（试行）	资实〔2020〕44号	在用
124	资实处	实验室管理	北京理工大学实验室建设项目管理办法（试行）	资实〔2020〕44号	在用
125	资实处	实验室管理	北京理工大学实验室内部改造工程管理办法（试行）	资实〔2022〕96号	在用

续表

序号	制定部门	分类	规章制度名称	文号	备注
126	资实处	住房管理	北京理工大学公用房出租出借管理办法（试行）	北理工办发〔2022〕12号	在用
127	资实处	住房管理	北京理工大学良乡高教园区教师公共租赁住房管理办法	北理工发〔2019〕8号	在用
128	资实处	住房管理	北京理工大学教工公寓管理办法	北理工发〔2020〕20号	在用
129	资实处	资产管理	北京理工大学仪器设备、家具管理办法	北理工办发〔2020〕96号	在用
130	资实处	资产管理	北京理工大学国有资产效益评价办法（试行）	北理工办发〔2022〕67号	在用
131	资实处	资产管理	北京理工大学国有资产管理规定（试行）	北理工发〔2020〕1号	在用
132	资实处	安全管理	北京理工大学安全生产管理规定	北理工办发〔2020〕68号	在用
133	资实处	安全管理	北京理工大学危险化学品安全管理办法	北理工办发〔2021〕36号	在用
134	资实处	安全管理	北京理工大学辐射安全事故专项应急预案	资实〔2020〕11号	在用
135	资实处	安全管理	北京理工大学辐射安全与防护管理办法	资实〔2020〕11号	在用
136	资实处	安全管理	北京理工大学实验室卫生环境管理办法（试行）	资实〔2020〕42号	在用
137	资实处	安全管理	北京理工大学安全分级分类管理办法（草案）	资实〔2020〕4号	在用
138	资实处	安全管理	北京理工大学危险化学品安全事故专项应急预案	资实〔2021〕39号	在用
139	资实处	安全管理	北京理工大学实验室安全检查管理办法	资实〔2021〕69号	在用
140	资实处	安全管理	北京理工大学实验室安全培训管理办法	资实〔2021〕70号	在用
141	资实处	安全管理	北京理工大学易制毒、易制爆中转室安全管理办法（试行）	资实〔2021〕71号	在用
142	资实处	安全管理	北京理工大学易制毒、易制爆中转室应急处置方案（试行）	资实〔2021〕72号	在用
143	资实处	安全管理	北京理工大学环安卫基础设施设备管理办法	资实〔2021〕73号	在用

附录三 数说资实

（数据截至2023年8月31日）

（一）实验室数据

北京理工大学实体实验室统计

数量/个	房间数/间	实验间面积/万m²
186	1 882	11.6

北京理工大学省部级以上科技创新平台统计

合计/个	国家级/个	省部级/个
102	21	81

北京理工大学公共实验平台数量统计

合计/个	学科类公共实验平台		教学类公共实验平台	
	校级平台/个	院级平台/个	国家级/个	其他/个
46	5	18	7	16

北京理工大学省部级以上实验教学示范中心统计

序号	级别	数量/个
1	国家级实验教学示范中心	3
2	国家级虚拟仿真实验教学示范中心	3
3	全国高校思政课虚拟仿真体验教学中心	1

续表

序号	级别	数量/个
4	北京市级实验教学示范中心	12
5	工信部级实验教学示范中心	3
	合计	22

备注：国家级实验教学示范中心数量（3个）在全国排名第71，工信部第6。

北京理工大学实验室房间风险分级分类统计

序号	风险等级	化学类	生物类	辐射类	电子类	机械类	其他类	合计
1	高风险	65	4	17	2	11	23	122
2	中风险	182	27	78	155	101	88	631
3	低风险	112	36	6	311	205	459	1 129
	总计	359	67	101	468	317	570	1 882

北京理工大学国家级科技创新平台

序号	实验室名称	获评年份
1	爆炸科学与安全防护全国重点实验室	2023
2	天基智能信息处理全国重点实验室	2023
3	先进越野系统技术全国重点实验室（参建）	2023
4	空地一体新航行系统技术全国重点实验室（参建）	2023
5	自主智能无人系统全国重点实验室	2022
6	高端汽车集成与控制全国重点实验室（参建）	2022
7	特种车辆设计制造集成技术全国重点实验室（参建）	2022
8	国际联合实验室	2021
9	电动车辆国家工程研究中心	2021
10	大数据系统软件国家工程研究中心（参建）	2021
11	JSKY实验室	2021
12	玉珠峰创新中心（参建）	2021
13	紫竹聚能创新中心（参建）	2021
14	全国高校思政课虚拟仿真体验教学中心（北京理工大学）	2021
15	某平台	2020
16	北京理工大学科技与人权研究中心	2020

续表

序号	实验室名称	获评年份
17	复杂微细结构加工技术创新中心	2015
18	北京电动车辆协同创新中心	2014
19	国家阻燃材料工程技术研究中心	2013
20	冲击环境材料技术重点实验室	2011
21	机电动态控制重点实验室(参建)	1992

(二)实验队伍数据

北京理工大学实验队伍结构统计

合计/人		303	/
结构类型		人数	比例
编制类型	A系列	184	61%
	B系列	119	39%
学历分布	博士及以上	100	33%
	硕士	117	39%
	本科及以下	86	28%
职称分布	正高级	2	1%
	副高级	69	23%
	中级	116	38%
	初级及以下	116	38%
年龄分布	50岁(含)以上	69	23%
	40岁(含)~50岁	67	22%
	30岁(含)~40岁	142	47%
	20岁(含)~30岁	25	8%
岗位分布	公共实验室	205	68%
	其他实验室	86	28%
	非实验室	12	4%

（三）仪器设备数据

北京理工大学仪器设备价值/用途分布统计

统计项目	合计	按单价分档统计/万元				按用途统计	
		(0,40)	[40,100)	[100,200)	≥200	教学	科研
数量/台套	136 495	134 701	1 237	343	214	47 963	61 110
价值/亿元	45.37	24.33	7.49	4.94	8.61	10.22	30.94
价值占比/%	100	53.62	16.51	10.89	18.98	22.53	68.19

北京理工大学仪器设备购置经费来源统计

经费科目	合计	教学	科研	基建	条保	改基	双一流	985	211	行政	其他
价值/亿元	45.37	5.70	21.72	1.22	5.29	0.14	1.22	4.55	1.54	1.92	2.07
占比/%	100	12.56	47.87	2.69	11.66	0.31	2.69	10.03	3.39	4.23	4.56

北京理工大学2018—2022年新增仪器设备统计

年份	2018	2019	2020	2021	2022	合计
总值/亿元	2.79	3.42	4.91	4.43	3.48	19.03
教学科研/亿元	2.58	3.09	4.38	3.90	3.06	17.01
40万元以上/亿元	0.98	1.41	2.99	1.81	1.72	8.91

北京理工大学大型仪器设备开放共享统计（科技部开放共享评价考核）

年份	2018	2019	2020	2021	2022
成绩	合格	合格	合格	良好	合格
参评高校排名/工信部高校排名	72/6	54/5	57/6	25/4	35/7
年平均机时/小时	609	1 253	1 412	1 512	1 537
年平均对外使用机时/小时	81	114	119	152	159
参加考核的设备数量/台套	704	598	592	388	361
所有纳入开放的设备服务收入/万元	740	1 100	1 310	1 588	1 367

北京理工大学参加科技部开放共享评价考核的各学院大型仪器设备机时统计

序号	单位	年均运行机时/小时	年均对外服务机时/小时
1	分析测试中心	3 573.3	251.1
2	前沿交叉科学研究院	2 951.8	97.8
3	集成电路与电子学院	2 211.8	6.3
4	化学与化工学院	1 850.5	28.1
5	自动化学院	1 802.3	61.8
6	物理学院	1 668	120
7	材料学院	1 614.1	139.9
8	先进结构研究院	1 568.8	250.8
9	平均值	1 537.3	159.3
10	信息与电子学院	1 519.8	129.5
11	机械与车辆学院	1 391.2	147.5
12	光电学院	1 331.2	79.2
13	宇航学院	1 271.3	248.4
14	机电学院	1 218.3	213.5
15	生命学院	1 098.6	7.5

备注：以上数据为2022年度科技部开放共享评价考核数据。

北京理工大学贵重仪器设备top10情况

序号	单位	设备名称	价值/万元	建账时间	供应国
1	机电学院	双球差电镜	2 768.00	2020/03/29	美国
2	分析测试中心	球差电镜	2 470.00	2020/11/24	美国
3	机械与车辆学院	多轴底盘测功系统	1 809.60	2010/12/16	中国
4	材料学院	飞行时间二次离子质谱仪 TOF—SIMS	1 389.00	2020/09/21	日本
5	材料学院	高分辨纳米微区物性测量及光电压成像系统	1 339.50	2020/11/24	美国
6	先进结构技术、研究院	环境屏障涂层模拟燃气环境综合测试系统	1 165.70	2022/12/02	中国
7	机械与车辆学院	轮胎耦合道路模拟系统	1 009.70	2010/12/15	美国
8	机械与车辆学院	动态测功及辅助系统	980.00	2021/09/07	日本
9	信息与电子学院	通道高性能信息收发系统	976.00	2022/11/16	美国
10	材料学院	功能梯度材料制备系统	971.00	2004/12/30	美国

（四）公房资源数据

北京理工大学各校区/研究院占地面积与建筑面积统计

序号	校区/研究院	占地面积/亩			建筑面积/m²		
		产权	非产权	合计	产权	非产权	合计
1	中关村校区	1 067	0	1 067	1 143 383	0	1 143 383
2	良乡校区	1 485	0	1 485	651 300	0	651 300
3	西山实验区	213	0	213	55 404	0	55 404
4	京内阎村	0	0	0	0	19 529	19 529
5	京内城里平房	23	0	23	8 679	0	8 679
6	秦皇岛、大连	29	0	29	14 348	0	14 348
7	珠海校区	0	5 000	5 000	0	298 090	298 090
8	怀来东花园实验基地	0	5	5	3 644	0	3 644
9	怀来科研试验基地	1 001	0	1 001	0	0	0
10	唐山研究院	0	163	163	0	101 157	101 157
11	前沿技术研究院（济南）	—	—	—	0	25 054	25 054
12	长三角研究院（嘉兴）	0	308	308	0	176 000	176 000
13	重庆创新中心	0	300	300	0	43 000	43 000
14	大湾区创新研究院	—	—	—	—	—	—
15	深圳汽车研究院	—	—	—	0	100 000	100 000
16	东南信息技术研究院	—	—	—	0	20 000	20 000
17	重庆微电子研究院	—	—	—	0	10 600	10 600
18	中原阻燃材料研究中心	—	—	—	—	—	—
19	郑州智能科技研究院	—	—	—	—	—	—
20	四川天府新区创新装备研究院	—	—	—	—	—	—
	合计	3 818	5 776	9 594	1 876 758	793 430	2 670 188

备注：标"—"数据将根据属地实际情况持续更新。

北京理工大学各校区/研究院房屋资源结构统计

用途	产权/万m²							非产权/万m²			
	中关村	良乡	西山	京内城里平房	秦皇岛、大连	怀来东花园	合计	京内阎村	珠海校区	异地研究院	合计
1.教学及辅助用房	33.60	29.02	5.23	0.00	0.34	0.37	68.56	1.25	11.41	47.58	60.24
1.1教室	2.83	6.60	0.00	0.00	0.21	0.00	9.64	0.85	4.92	—	5.77
1.2实验实习用房	17.76	17.69	1.79	0.00	0.03	0.00	37.27	0.00	3.68	47.58	51.26
1.3专职科研机构办公及研究用房	8.54	0.25	3.44	0.00	0.00	0.37	12.60	0.00	0.00	—	0
1.4图书馆	2.34	2.31	0.00	0.00	0.03	0.00	4.68	0.00	0.29	—	0.29
1.5室内体育用房	2.08	2.02	0.00	0.00	0.00	0.00	4.10	0.00	1.52	—	1.52
1.6师生活动用房	0.05	0.15	0.00	0.00	0.00	0.00	0.20	0.00	0.33	—	0.33
1.7会堂	0.00	0.00	0.00	0.00	0.00	0.07	0.07	0.00	0.44	—	0.44
1.8继续教育用房	0.00	0.00	0.00	0.00	0.00	0.00	0.00	0.40	0.23	—	0.63
2.行政办公用房	2.88	1.66	0.06	0.00	0.05	0.00	4.65	0.00	2.15	—	2.15
2.1校行政办公用房	0.93	1.31	0.06	0.00	0.05	0.00	2.35	0.00	0.43	—	0.43
2.2院系及教师办公用房	1.95	0.35	0.00	0.00	0.00	0.00	2.30	0.00	1.72	—	1.72
3.生活用房	24.69	26.57	0.17	0.08	1.04	0.00	52.55	0.53	14.97	—	15.5
3.1学生宿舍（公寓）	16.40	19.30	0.00	0.00	0.49	0.00	36.19	0.52	12.24	—	12.76
3.2食堂	2.14	3.04	0.04	0.00	0.15	0.00	5.37	0.01	1.38	—	1.39
3.3单身教师宿舍（公寓）	0.97	2.74	0.00	0.00	0.22	0.00	3.93	0.00	1.13	—	1.13
3.4后勤及辅助用房	5.18	1.49	0.13	0.08	0.18	0.00	7.06	0.00	0.22	—	0.22
4.成果转化用房	22.82	0.00	0.00	0.00	0.00	0.00	22.82	0.00	0.00	—	0
5.教工住宅	20.27	0.00	0.00	0.79	0.00	0.00	21.06	0.00	0.00	—	0
6.人防及地下空间等	10.08	7.88	0.08	0.00	0.00	0.00	18.04	0.17	1.28	—	1.45
合计	114.34	65.13	5.54	0.87	1.43	0.37	187.68	1.95	29.81	47.58	79.34

备注：标"—"数据将根据属地实际情况持续更新。

北京理工大学2030年前良乡校区新增楼宇房屋资源统计

序号	名称	建筑面积/m²	地上楼层数/层	地上使用面积/m²	开工时间	预计投入使用时间	造价/万元
1	信创楼A	64 820	10	38 347	2022.11	2024.04	49 503
2	信创楼B	289 340	12	116 340	2023.12	2027.12	274 873
3	融创楼B	64 254	10	21 500	2024.5	2027.02	32 250
4	融创楼C	40 154	10	20 924	2023.10	2026.10	28 992
5	工业生态楼BCD	59 600	9	27 380	2023.10	2026.10	42 728
6	丹枫园D	45 680	11	24 650	2023.12	2027.04	32 608
合计		563 848	—	249 141	—		460 954

备注：以上数据由后勤基建处提供。

北京理工大学各教学科研机构双核校区公房使用面积统计

序号	单位	中关村校区/m²	良乡校区/m²	西山实验区/m²	合计/m²
1	宇航学院	14 623	1 224	1 764	17 611
2	机电学院	20 777	404	6 223	27 404
3	机械与车辆学院	22 813	10 536	12 912	46 261
4	光电学院	11 635	1 028	0	12 663
5	信息与电子学院	12 383	844	0	13 227
6	自动化学院	10 676	961	0	11 637
7	计算机学院	10 120	1 355	0	11 475
8	材料学院	11 130	1 059	4 394	16 583
9	化学与化工学院	352	14 298	0	14 650
10	网络空间安全学院	3 266	15	0	3 281
11	集成电路与电子学院	7 458	5 073	0	12 531
12	生命学院	5 661	306	0	5 967
13	数学学院	94	4 792	0	4 886
14	物理学院	547	10 816	0	11 363
15	医学技术学院	1 398	0	0	1 398
16	管理与经济学院	3 834	2 761	0	6 595
17	人文与社会科学学院	177	2 669	0	2 846

续表

序号	单位	中关村校区/m²	良乡校区/m²	西山实验区/m²	合计/m²
18	法学院	110	1 754	0	1 864
19	外国语学院	135	2 774	0	2 909
20	设计与艺术学院	1 112	5 794	0	6 906
21	马克思主义学院	71	1 276	0	1 347
22	国家安全与发展研究院	984	0	0	984
23	先进结构技术研究院	1 571	3 408	0	4 979
24	前沿交叉科学研究院	8 435	420	0	8 855
	合计	149 362	73 567	25 293	248 222

附录四 实验室研究项目一览

实验室研究项目一览

序号	项目名称	负责人	所属单位	类别	届别
1	中国上市公司并购重组决策支持平台	黄璐	管理与经济学院	仪器设备自制（改制）类	第一届
2	新时期光电创新教育的主要内容及实验室建设	张丽君	光电学院	实验室管理类	第一届
3	通用照明光源光度色度综合测量系统	张忠廉	光电学院	仪器设备自制（改制）类	第一届
4	化学化工实验室无线安全监测装置的研制	陈祥光	化学与化工学院	仪器设备自制（改制）类	第一届
5	真空高温聚合反应仪的自制	朱长进	化学与化工学院	仪器设备自制（改制）类	第一届
6	紫外—可见光一体式光源	薛敏	化学与化工学院	仪器设备自制（改制）类	第一届
7	基于多酸修饰电极探针的电化学传感器实现甲醛、溴酸盐含量的快速检测	吕桂琴	化学与化工学院	仪器设备自制（改制）类	第一届
8	实验室中大型仪器设备开放共享机制、措施及效益研究	郑传明	化学与化工学院	实验室管理类	第一届
9	改制溶解热测量实验系统	郑传明	化学与化工学院	仪器设备自制（改制）类	第一届
10	光流导航数据采集及预处理系统	李杰	机电学院	仪器设备自制（改制）类	第一届
11	新形势下理工科院校实验室资产管理问题研究	崔进起	机电学院	实验室管理类	第一届

续表

序号	项目名称	负责人	所属单位	类别	届别
12	本科创新实践专业实验室建设探索	宋荣昌	机电学院	实验室管理类	第一届
13	VXI动态数据采集系统升级改造	王文杰	机电学院	仪器设备自制（改制）类	第一届
14	地面机动装备实验教学示范中心建设规划研究（指南第2项）	左建华	机械与车辆学院	实验室管理类	第一届
15	机械与车辆学院实验室安全管理制度建设研究（指南第8项）	罗国良	机械与车辆学院	实验室管理类	第一届
16	便携式汽车构造教具箱	陈思忠	机械与车辆学院	仪器设备自制（改制）类	第一届
17	通用型专业发动机实验电子控制器	刘兴华	机械与车辆学院	仪器设备自制（改制）类	第一届
18	四微型吊车联动控制实验台自制申请书	黄杰	机械与车辆学院	仪器设备自制（改制）类	第一届
19	电控共轨供油、喷射系统实验平台开发	左哲	机械与车辆学院	仪器设备自制（改制）类	第一届
20	双试件防护热板式导热系数测定实验台	杨英俊	机械与车辆学院	仪器设备自制（改制）类	第一届
21	AMT技术教学实验台	赵亦农	机械与车辆学院	仪器设备自制（改制）类	第一届
22	智能式电机内阻/温升自动测试仪	王志福	机械与车辆学院	仪器设备自制（改制）类	第一届
23	数控实训实验柔性夹具设计与制造	苏龙江	机械与车辆学院	仪器设备自制（改制）类	第一届
24	研制激光雕刻机由平面到柱面加工	王春艳	机械与车辆学院	仪器设备自制（改制）类	第一届
25	面向《大学计算机基础》课程的虚拟实验构建	史树敏	计算机学院	实验室管理类	第一届
26	实验室对理工科大学生就业能力的影响研究	马永霞	教育研究院	实验室管理类	第一届
27	提高生命科学实验室研究技术共享水平的探讨	赵东旭	生命学院	实验室管理类	第一届
28	"低碳经济时代"药学实验室的建设与管理	孟薇薇	生命学院	实验室管理类	第一届
29	实验室生物安全管理制度和培训体系的建立	庄力霞	生命学院	实验室管理类	第一届
30	生化实验室废弃物安全环保管理体系的建立	李秀珍	生命学院	实验室管理类	第一届

续表

序号	项目名称	负责人	所属单位	类别	届别
31	实验室开放运行理论及实践创新体系研究	庆宏	生命学院	实验室管理类	第一届
32	普通水浴锅的温度均衡系统	杨新芳	生命学院	仪器设备自制（改制）类	第一届
33	加强数学实验中心平台建设，促进研究型课程发展	闫桂峰	数学与统计学院	实验室管理类	第一届
34	云存储与协同分享应用服务平台	李宏儒	数学与统计学院	仪器设备自制（改制）类	第一届
35	英语自主学习系统中语音增强模块设计与软件实现	易伟明	外语学院	仪器设备自制（改制）类	第一届
36	全面质量管理下的大学英语自主学习中心建设研究	易伟明	外语学院	实验室管理类	第一届
37	分光计光谱CCD显示系统	鲁长宏	物理学院	仪器设备自制（改制）类	第一届
38	校企共建联合实验室建设模式研究	谢君堂	信息与电子学院	实验室管理类	第一届
39	专业基础课程理论与实验一体化教学的实验室建设研究	韩力	信息与电子学院	实验室管理类	第一届
40	多功能电子测量实验平台	吴琼之	信息与电子学院	仪器设备自制（改制）类	第一届
41	多功能智能电子测量仪	谢君堂	信息与电子学院	仪器设备自制（改制）类	第一届
42	图像跟踪器研制	范哲意	信息与电子学院	仪器设备自制（改制）类	第一届
43	实验室开放运行理论及管理机制的研究	张蕾	信息与电子学院	实验室管理类	第一届
44	电路分析基础实验教学方法的研究与创新	方芸	信息与电子学院	实验室管理类	第一届
45	实验教学信息管理系统	吴莹莹	信息与电子学院	实验室管理类	第一届
46	改革实践教学体系，促进创新人才培养	范哲意	信息与电子学院	实验室管理类	第一届
47	数字电路逻辑实验箱	田东、赵宏图	信息与电子学院	仪器设备自制（改制）类	第一届
48	模拟通信系统实验平台	吴莹莹	信息与电子学院	仪器设备自制（改制）类	第一届
49	电路分析实验箱改造	张勇强	信息与电子学院	仪器设备自制（改制）类	第一届

续表

序号	项目名称	负责人	所属单位	类别	届别
50	电动机、接触器、变频器强电实验演示模型	高玄怡	信息与电子学院	仪器设备自制（改制）类	第一届
51	张紧力检测和运动控制教学演示系统	叶勤	信息与电子学院	仪器设备自制（改制）类	第一届
52	VHF—S微波频率源的研制	孔德昭	信息与电子学院	仪器设备自制（改制）类	第一届
53	信息系统安全与对抗技术开放实验平台	高平	信息与电子学院	仪器设备自制（改制）类	第一届
54	光学投影式三维形貌测量仪	马少鹏	宇航学院	仪器设备自制（改制）类	第一届
55	以赛促建，提升创新型人才培养	王正平	宇航学院	实验室管理类	第一届
56	光学引伸计应变测量系统	马沁巍	宇航学院	仪器设备自制（改制）类	第一届
57	飞行器制导控制实验仪器研究	王伟	宇航学院	仪器设备自制（改制）类	第一届
58	超静定结构挠度及转角显微镜测定装置	汪小明	宇航学院	仪器设备自制（改制）类	第一届
59	单自由度机械臂嵌入式远程控制系统	戴亚平	自动化学院	仪器设备自制（改制）类	第一届
60	基于物联网的多机器人传感网络侦察系统	郭树理	自动化学院	仪器设备自制（改制）类	第一届
61	基于开放实验室将科研成果转化为实验教学资源的研究	张婷	自动化学院	实验室管理类	第一届
62	基于机器视觉的板——球迷宫控制系统	王庆林	自动化学院	仪器设备自制（改制）类	第一届
63	安防监控系统综合实验平台研制	李位星	自动化学院	仪器设备自制（改制）类	第一届
64	静电纺丝技术在实验教学中的应用与改进	张爱英	材料学院	实验技术研究类	第二届
65	含能材料热分析测试技术研究	李丽洁	材料学院	实验技术研究类	第二届
66	经管多功能跨专业实验平台人才队伍建设研究	孟凡臣	管理与经济学院	实验室管理类	第二届
67	颜色视觉匹配实验系统的研制	黄庆梅	光电学院	仪器设备自制（改制）类	第二届
68	可拆卸光学模拟式教学测色仪	范秋梅	光电学院	仪器设备自制（改制）类	第二届

续表

序号	项目名称	负责人	所属单位	类别	届别
69	高选择性在线固相萃取—液相色谱联用技术研究	薛敏	化学与化工学院	实验技术研究类	第二届
70	有机化学实验微型半微型化改革探索	付引霞	化学与化工学院	实验技术研究类	第二届
71	化学实验室开放与安全管理机制研究	郑传明	化学与化工学院	实验室管理类	第二届
72	高校实验室危险化学品安全评价研究	王亚军	机电学院	实验室管理类	第二届
73	基于我校火炸药试验平台的科研型公共实验平台管理建设模式研究	甘强	机电学院	实验室管理类	第二届
74	瞬态力学教学实验创新平台建设机制研究与探索	王文杰	机电学院	实验室管理类	第二届
75	微小型零部件瞬间冲击加载装置设计	宋荣昌	机电学院	仪器设备自制（改制）类	第二届
76	探索互联网思维在仪器设备管理中的应用	张淑玲	机关党委	实验室管理类	第二届
77	虚拟实验与现场相结合的液态压与气动开放实验教学模式研究	彭增雄	机械与车辆学院	实验技术研究类	第二届
78	机电基础实验教学中心一体化多方位开放运行机制研究	李忠新	机械与车辆学院	实验室管理类	第二届
79	高校国家级实验室多行业监测系统构建研究——以电动汽车为例	何泳	机械与车辆学院	实验室管理类	第二届
80	热动力装置虚拟实验教学平台	杨英俊	机械与车辆学院	仪器设备自制（改制）类	第二届
81	轮系统传动综合实验台研制	苏伟	机械与车辆学院	仪器设备自制（改制）类	第二届
82	全控功率器件工作特性及驱动电路测试仪	王志福	机械与车辆学院	仪器设备自制（改制）类	第二届
83	基于车辆比赛及测试的辅助装备集成工具车	孙洪武	机械与车辆学院	仪器设备自制（改制）类	第二届
84	开放式桌面型数控实验教学系统开发	李忠新	机械与车辆学院	仪器设备自制（改制）类	第二届
85	基础教育阶段创新实践基地运行模式与管理机制研究	朱光辉	基础教育学院	实验室管理类	第二届

续表

序号	项目名称	负责人	所属单位	类别	届别
86	良乡校区"学生社团+实验室"模式探索研究	陆宝萍	基础教育学院	实验室管理类	第二届
87	计算机实验室非事业编制人员管理模式的探讨	胡思康	计算机学院	实验室管理类	第二届
88	研究型大学实验技术队伍建设机制研究	张帅	人事处	实验室管理类	第二届
89	数据智能中心资源高效利用与管理实践新机制研究	陈领起	计算机学院	实验室管理类	第二届
90	建立实验室培训管理体系的研究	王冉	生命学院	实验室管理类	第二届
91	仪器设备开放服务运行与管理的完善	李勤	生命学院	实验室管理类	第二届
92	初步探索学生参与实验室管理的新模式	王一飞	生命学院	实验室管理类	第二届
93	生物实验教学中心开放性实验室实施与管理	李秀珍	生命学院	实验室管理类	第二届
94	专利文献应用开放实验实践教学体系的构建与研究	田虹	生命学院	实验室管理类	第二届
95	超声波细胞破碎仪的改制	杨新芳	生命学院	仪器设备自制（改制）类	第二届
96	基于建构主义的交互式课群平台	李宏儒	数学与统计学院	仪器设备自制（改制）类	第二届
97	热辐射综合实验仪	史庆藩	物理学院	仪器设备自制（改制）类	第二届
98	加强实验技术技能训练，促进大学物理实验教学	冯璐	物理学院	实验技术研究类	第二届
99	赫姆霍兹旋转木马演示仪	刘伟	物理学院	仪器设备自制（改制）类	第二届
100	传感器系列实验改制	陈新	物理学院	仪器设备自制（改制）类	第二届
101	高校实验技术系列职称评聘与激励机制分析研究	杨静	信息与电子学院	实验室管理类	第二届
102	基于PSOC的数字模拟混合电子系统实验箱研制	齐春东	信息与电子学院	仪器设备自制（改制）类	第二届
103	教学型实验室综合信息管理平台建设模式与要点研究	吴莹莹	信息与电子学院	实验室管理类	第二届
104	实验室开放运行管理与使用信息化平台的探索与建设	张蕾	信息与电子学院	实验室管理类	第二届

续表

序号	项目名称	负责人	所属单位	类别	届别
105	电路实验虚拟仿真平台设计	吴莹莹	信息与电子学院	仪器设备自制（改制）类	第二届
106	航天器动力学与控制虚拟仿真实验平台	王彦恺	宇航学院	实验技术研究类	第二届
107	基于智能手机平台的便携式光学应变测试系统	马沁巍	宇航学院	仪器设备自制（改制）类	第二届
108	基于物联网平台的智能监测实验系统设计	戴忠健	自动化学院	仪器设备自制（改制）类	第二届
109	电气测量及相关加载/卸载实验装置研制	彭熙伟	自动化学院	仪器设备自制（改制）类	第二届
110	风光互补发电监控演示系统	冬雷	自动化学院	仪器设备自制（改制）类	第二届
111	双容水箱在单片机实验教学中的实验技术研究	郭玉洁	自动化学院	实验技术研究类	第二届
112	基于工程教育的直流电机伺服系统工程设计实验方法研究	张佳	自动化学院	实验技术研究类	第二届
113	自动化教学实验示范中心的建设和研究	张婷	自动化学院	实验室管理类	第二届
114	复杂系统控制与决策国家重点实验室管理制度建立与完善	张佳	自动化学院	实验室管理类	第二届
115	电机虚拟仿真实验	张婷	自动化学院	仪器设备自制（改制）类	第二届
116	核磁共振扩散序谱（DOSY）技术的开发	黄木华	材料学院	实验技术研究类	第三届
117	材料学科安全培训教材的编写	陈煜	材料学院	实验室管理类	第三届
118	西山实验区火炸药实验室功能优化研究	李晓东	材料学院	实验室管理类	第三届
119	院级分析测试中心管理运行机制探索与实践	刘艳	材料学院	实验室管理类	第三届
120	功能高分子材料成型加工实验教学网络资源开发	张爱英	材料学院	仪器设备自制（改制）类	第三届
121	活性破片材料毁伤特性的定量测试系统与技术	冯新娅	材料学院	实验技术研究类	第三届
122	热压键合机在金凸点制备中的实验技术研究	李红	材料学院	实验技术研究类	第三届
123	电子封装实验室日常安全管理机制研究	李红	材料学院	实验室管理类	第三届

续表

序号	项目名称	负责人	所属单位	类别	届别
124	含能材料实验室安全建设探索研究	李丽洁	材料学院	实验室管理类	第三届
125	激光动态法溶解度测量装置	李丽洁	材料学院	仪器设备自制（改制）类	第三届
126	分析测试中心质量体系建设与运行研究	高培峰	分析测试中心	实验室管理类	第三届
127	纳升电喷雾离子源的资质开发系统	徐伟	分析测试中心	仪器设备自制（改制）类	第三届
128	电子显微学快速定位系统自制研究	张芳	分析测试中心	仪器设备自制（改制）类	第三届
129	日常安全检查机制建设	张毅	管理与经济学院	实验室管理类	第三届
130	关于校级实验技术人员交叉融合特区建设的研究	李姝璇	光电学院	实验室管理类	第三届
131	培养创新、创业人才为目标的实验室开放机制研究	张一舟	光电学院	实验室管理类	第三届
132	基于相位恢复的曲率半径测量设备的研究	常军	光电学院	仪器设备自制（改制）类	第三届
133	多路激光超分辨差动共焦图谱显微成像综合装置构建	王允	光电学院	仪器设备自制（改制）类	第三届
134	光电成像系统防抖性能测试实验平台研制	陈凌峰	光电学院	仪器设备自制（改制）类	第三届
135	基于成像设备的人体生命体征信息检测平台研制	孔令琴	光电学院	仪器设备自制（改制）类	第三届
136	制作《药剂学实验规范操作录像》	张奇	化学与化工学院	实验室管理类	第三届
137	半微型合成乙酰乙酸乙酯实验的探索与改进	付引霞	化学与化工学院	实验技术研究类	第三届
138	《阴极极化曲线的测量》实验教学方法的改进	翟雪	化学与化工学院	实验技术研究类	第三届
139	化学实验室化学试剂管理系统研究	郑传明	化学与化工学院	实验室管理类	第三届
140	5S管理在化学实验室管理中的应用	唐新玲	化学与化工学院	实验室管理类	第三届
141	脉冲激光气溶胶传输特性试验平台	陈慧敏	机电学院	仪器设备自制（改制）类	第三届
142	火工实验室危险因素辨识及安全管理措施	王文杰	机电学院	实验室管理类	第三届

续表

序号	项目名称	负责人	所属单位	类别	届别
143	爆炸类实体实验室公共平台开放共享管理运行机制研究	刘瀚	机电学院	实验室管理类	第三届
144	高校高性能并行计算集群系统运行管理机制研究	王云艳	机电学院	实验室管理类	第三届
145	机电动态控制重点实验室数字化管理方法研究	毛瑞芝	机电学院	实验室管理类	第三届
146	便携式两轮车倒立摆实验系统	毛瑞芝	机电学院	仪器设备自制（改制）类	第三届
147	互联网思维仪器设备共享	张淑玲	机关党委	实验室管理类	第三届
148	工程训练教学质量监控体系的探索与实践	付铁	机械与车辆学院	实验室管理类	第三届
149	工程训练中心安全生产管理制度建设	马树奇	机械与车辆学院	实验室管理类	第三届
150	支持跨专业"机械系统建模与控制课程"的直流电机教学实验设备研制	邹渊	机械与车辆学院	仪器设备自制（改制）类	第三届
151	激光实训教学设备的功能及安全性改制	付铁	机械与车辆学院	仪器设备自制（改制）类	第三届
152	汽车污染物关联信息实时测试系统	谭建伟	机械与车辆学院	仪器设备自制（改制）类	第三届
153	液压传动虚拟实验系统开发与教学模式研究	彭增雄	机械与车辆学院	实验技术研究类	第三届
154	实验教学信息化管理机制研究	李忠新	机械与车辆学院	实验室管理类	第三届
155	大学生材料成型实践创新教学平台建设与运行机制研究	郑艺	机械与车辆学院	实验室管理类	第三届
156	基于实体实验室安全生产考核评价体系研究	李宏才	机械与车辆学院	实验室管理类	第三届
157	可重配置桌面型车铣复合实验教学系统开发	金鑫	机械与车辆学院	仪器设备自制（改制）类	第三届
158	便携式小型CCD光学准自直仪研制	吕唯唯	机械与车辆学院	仪器设备自制（改制）类	第三届
159	齿轮齿圈径向跳动自动检测仪研制	李忠新	机械与车辆学院	仪器设备自制（改制）类	第三届
160	面向系统能力培养的计算机硬件核心课程实验体系研究	王娟	计算机学院	实验技术研究类	第三届
161	应用于本研贯通教学的嵌入式实验平台	李元章	计算机学院	仪器设备自制（改制）类	第三届

续表

序号	项目名称	负责人	所属单位	类别	届别
162	基于高校综合性开放实验室的创新创业教育模式研究	陈浩	教务处	实验室管理类	第三届
163	"校级实验室"生物技术共享新思路——兼论实验室研究技术与本科专业建设相结合	赵东旭	生命学院	实验室管理类	第三届
164	用于人体解剖生理学实验的无创血压测量原理机研制	高天欣	生命学院	仪器设备自制（改制）类	第三届
165	海马CA3—CA1神经元精确标记	庆宏	生命学院	仪器设备自制（改制）类	第三届
166	《生物分离工程实验》多模块设计的开发及验证	孙立权	生命学院	实验技术研究类	第三届
167	实验室生物废弃物安全管理探索与实践	顾昊	生命学院	实验室管理类	第三届
168	干式真空泵改制为生物样品的冰冻干燥设备的研制	杨新芳	生命学院	仪器设备自制（改制）类	第三届
169	高速电子目镜显微系统	魏力中	生命学院	仪器设备自制（改制）类	第三届
170	椭偏仪实验的实验效果的提升	熊小路	物理学院	实验技术研究类	第三届
171	爱因斯坦—德哈斯效应实验仪研制	鲁长宏	物理学院	仪器设备自制（改制）类	第三届
172	音乐特斯拉实验演示系统研制	陈新	物理学院	仪器设备自制（改制）类	第三届
173	球体二维非对心碰撞过程研究的实验设备研制	刘伟	物理学院	仪器设备自制（改制）类	第三届
174	信息论和机器学习的方法与实践	李祥明	信息与电子学院	实验技术研究类	第三届
175	信息与电子学院实验室安全体系构建研究	郭俊芳	信息与电子学院	实验室管理类	第三届
176	天线设计与测量实验系统升级	胡冰	信息与电子学院	仪器设备自制（改制）类	第三届
177	集专业课内实验、专业选修实验及开放实验为一体，建设完整信息对抗专业实验平台	高平	信息与电子学院	实验室管理类	第三届
178	网络空间安全创新项目型实验教学网络资源开发	潘丽敏	信息与电子学院	仪器设备自制（改制）类	第三届
179	可重构的波形产生与误码分析综合仪的研制	杨德伟	信息与电子学院	仪器设备自制（改制）类	第三届

续表

序号	项目名称	负责人	所属单位	类别	届别
180	无人机编队控制分配虚拟仿真实验技术研究	王彦恺	宇航学院	实验技术研究类	第三届
181	结构设计大赛专用横向静态加载与测试系统研制	刘战伟	宇航学院	仪器设备自制（改制）类	第三届
182	基于ARM的航姿参考系统研制	徐军	宇航学院	仪器设备自制（改制）类	第三届
183	多电混合动力系统与能源管理实验平台研制	贺云涛	宇航学院	仪器设备自制（改制）类	第三届
184	单相机三维变形测量系统	马沁巍	宇航学院	仪器设备自制（改制）类	第三届
185	"翻转课堂"在实验教学中的研究与应用	张婷	自动化学院	实验室管理类	第三届
186	力矩电机控制虚拟仿真实验装置	张婷	自动化学院	仪器设备自制（改制）类	第三届
187	单片机虚拟仿真实验设计	郭玉洁	自动化学院	仪器设备自制（改制）类	第三届
188	基于虚拟球杆系统的智能控制实验教学平台软件	张佳	自动化学院	仪器设备自制（改制）类	第三届
189	材料学院实验室安全培训教育体系的建设	刘艳	材料学院	实验室管理类	第四届
190	小型智能车研制	赵清杰	材料学院	仪器设备自制（改制）类	第四届
191	分离式霍普金森杆高低温动态测试系统研究	程焕武	材料学院	仪器设备自制（改制）类	第四届
192	微电子真空镀膜机的改造和本科教学实践应用	翟华嶂	材料学院	仪器设备自制（改制）类	第四届
193	直流大气等离子体射流氧化性控制方法及设备的研究	柳彦博	材料学院	仪器设备自制（改制）类	第四届
194	电子封装中的铜线键合工艺研究	石素君	材料学院	实验技术研究类	第四届
195	Ar离子溅射在XPS表面分析中的应用研究与开发	宋廷鲁	材料学院	实验技术研究类	第四届
196	模拟法庭实验平台与法学实训课程融合性研究	王福亮	法学院	实验技术研究类	第四届
197	公共实验平台实验技术人员绩效评估体系的建设与实践	高培峰	分析测试中心	实验室管理类	第四届
198	原位研究锂电池电化学反应的电镜样品台	邵瑞文	分析测试中心	仪器设备自制（改制）类	第四届

续表

序号	项目名称	负责人	所属单位	类别	届别
199	基于黑色TiO2结构表征的综合分析技术在开放实验教学中的应用探索	暴丽霞	分析测试中心	实验技术研究类	第四届
200	变温核磁的装置改制与方法优化	熊嫣	分析测试中心	仪器设备自制（改制）类	第四届
201	X-射线粉末衍射微量样品测量附件的设计与加工	马宏伟	分析测试中心	仪器设备自制（改制）类	第四届
202	二极管激光泵浦的Yb:KGW飞秒激光器课程演示样机	王庆	光电学院	仪器设备自制（改制）类	第四届
203	量子成像光源研究	曹杰	光电学院	仪器设备自制（改制）类	第四届
204	《光电仪器电子学实验》课程实验教学项目开发	郑猛	光电学院	实验技术研究类	第四届
205	自组装多功能激光拉曼谱检测机系统平台研制	孔令琴	光电学院	仪器设备自制（改制）类	第四届
206	质子交换膜燃料电池电极制备及单电池装配工艺改进	乔金硕	化学与化工学院	实验技术研究类	第四届
207	基于信息技术的化工基础实验教学模式	王烨	化学与化工学院	实验技术研究类	第四届
208	微波法合成（SBA-15）-Eu2O3纳米复合材料教学项目的开发	杜云云	化学与化工学院	实验技术研究类	第四届
209	虚实结合的化学化工类实验室安全教育模式研究	乔金硕	化学与化工学院	实验室管理类	第四届
210	新形势下管制药品全生命周期管理机制建设	梁文强	化学与化工学院	实验室管理类	第四届
211	以科研为导向的中级仪器实验室开放与运行管理	杨柏枫	化学与化工学院	实验室管理类	第四届
212	新型微通道反应器自制及其在液/液两相反应中的应用	杜云云	化学与化工学院	仪器设备自制（改制）类	第四届
213	多功能一体化充放电测试系统的研制与开发	翟雪	化学与化工学院	仪器设备自制（改制）类	第四届
214	微通道在线流体显示系统	梁文强	化学与化工学院	仪器设备自制（改制）类	第四届
215	折叠组合式光化学反应器制作以及用于教学实验研究	龙海涛	化学与化工学院	仪器设备自制（改制）类	第四届
216	高校火工品危险源安全评估方法研究	王永强	机电学院	实验室管理类	第四届

续表

序号	项目名称	负责人	所属单位	类别	届别
217	摩擦能量快速精准测试系统	佟文超	机电学院	仪器设备自制（改制）类	第四届
218	基于移动网络的装甲车辆交互教学系统设计与实现	李宏才	机械与车辆学院	实验技术研究类	第四届
219	基于"五步一体"的普铣实训教学方法研究	尚妍	机械与车辆学院	实验技术研究类	第四届
220	新形势下实体功能实验室安全运行管理机制研究	王志福	机械与车辆学院	实验室管理类	第四届
221	新设立"智能制造工程专业"实验教学体系研究	苏伟	机械与车辆学院	实验室管理类	第四届
222	面向学生的安全动力电池模拟器实验装置开发	王志福	机械与车辆学院	仪器设备自制（改制）类	第四届
223	电动遥控零差速双流传动实验教学微车	李宏才	机械与车辆学院	仪器设备自制（改制）类	第四届
224	基于认知语义相似度的智能问答系统关键技术研究	吴昊	计算机学院	实验技术研究类	第四届
225	科研实验室直接参与本科生教学的探索及评价	赵东旭	生命学院	实验室管理类	第四届
226	基于互不相溶两液相均匀传质萃取罐设备的改制	刘桂艳	生命学院	仪器设备自制（改制）类	第四届
227	多糖等生物活性物质高通量检测方法研究	孙立权	生命学院	实验技术研究类	第四届
228	生物与医学工程公共实验中心个性化实验室安全教育探索	孙立权	生命学院	实验室管理类	第四届
229	仪器开放共享平台管理网站的快速构建	丛勇	生命学院	实验室管理类	第四届
230	用于少量实验样品干燥的微波减压干燥器（改制）	孙立权	生命学院	仪器设备自制（改制）类	第四届
231	大型共享仪器MALDI—TOF质谱成像模块设计与开发	顾昊	生命学院	仪器设备自制（改制）类	第四届
232	短视频实验教学小程序	李宏儒	数学与统计学院	仪器设备自制（改制）类	第四届
233	人体静电参数综合测量仪的研制	彭祖林	物理学院	仪器设备自制（改制）类	第四届
234	放电等离子体的脉冲激光纹影与阴影流场诊断系统研制	韩若愚	物理学院	仪器设备自制（改制）类	第四届
235	基于Saganac效应的光纤振动传感仪	潘孟书	物理学院	仪器设备自制（改制）类	第四届

续表

序号	项目名称	负责人	所属单位	类别	届别
236	火炸药库安全管理规范建设	范强锐	西山实验服务中心	实验室管理类	第四届
237	实验教学与实验室运行管理信息化建设需求调研分析	吕唯唯	西山实验服务中心	实验室管理类	第四届
238	基于物联网的智能锁系统开发设计与实现	吕唯唯	西山实验服务中心	仪器设备自制（改制）类	第四届
239	高灵敏度柔性传感器设计制备一体化快速成型加工平台	郭晓岗	先进结构技术研究院	仪器设备自制（改制）类	第四届
240	小型复合材料三维编织机研制	李会民	先进结构技术研究院	仪器设备自制（改制）类	第四届
241	信息与电子学院提升贵重仪器设备开放效益的路径研究	李焕新	信息与电子学院	实验室管理类	第四届
242	面向海洋航行器设计与制作竞赛的智能无人船自制	周治国	信息与电子学院	仪器设备自制（改制）类	第四届
243	基于Python+FPGA的嵌入式人工智能应用实验	林玉洁	信息与电子学院	仪器设备自制（改制）类	第四届
244	基于单幅无载波干涉条纹的光纤端面检测仪研制	鲁滨峰	信息与电子学院	仪器设备自制（改制）类	第四届
245	新形势下实验教学示范中心安全管理措施探索	孙程	宇航学院	实验室管理类	第四届
246	新能源飞行器混合能源动力系统实验技术研究	贺云涛	宇航学院	实验技术研究类	第四届
247	航空航天类制导控制虚拟仿真技术研究	王伟	宇航学院	实验技术研究类	第四届
248	系统与仿真实验室提升贵重仪器设备开放效益的路径研究	徐红	宇航学院	实验室管理类	第四届
249	多功能测控系统电路设计实验仪研究	王辉	宇航学院	仪器设备自制（改制）类	第四届
250	基于无人系统的嵌入式DSP一体化测量控制系统研制	王伟	宇航学院	仪器设备自制（改制）类	第四届
251	面向多课程、跨学科的新型交流调速实验台的研制	李健	自动化学院	仪器设备自制（改制）类	第四届
252	便携式在线脑机接口实验装置研制	由育阳	自动化学院	仪器设备自制（改制）类	第四届
253	三自由度气动并联平移机器人平台的研制	王波	自动化学院	仪器设备自制（改制）类	第四届
254	健全完善材料学院化学品管理体系与机制研究	刘瑞娜	材料学院	实验室管理类	第五届

续表

序号	项目名称	负责人	所属单位	类别	届别
255	高分辨光谱仪系统功能化升级研究	陈宇	材料学院	仪器设备自制（改制）类	第五届
256	高导热纳米银胶在大功率电子器件上的应用研究	李红	材料学院	实验技术研究类	第五届
257	院级实验平台人才公共实验室管理协同创新发展探索	宋廷鲁	材料学院	实验室管理类	第五届
258	火炸药安全培训教材建设	李丽洁	材料学院	实验室管理类	第五届
259	活性粉体释能反应的体积膨胀特性测试技术研究	冯新娅	材料学院	仪器设备自制（改制）类	第五届
260	自制X射线光电子能谱惰性气体保护进样装置	宋廷鲁	材料学院	仪器设备自制（改制）类	第五届
261	简易热膨胀仪研制	成志芳	材料学院	仪器设备自制（改制）类	第五届
262	封严涂层的动态力学性能测试系统改制研究	杨素媛	材料学院	仪器设备自制（改制）类	第五届
263	智慧法治实验室建设研究	张爱秀	法学院	实验室管理类	第五届
264	依托公共实验平台建设教学实践基地的探索研究	高培峰	分析测试中心	实验室管理类	第五届
265	X射线光电子能谱仪溅射深度剖析的定量测定方法研究	王珊珊	分析测试中心	实验技术研究类	第五届
266	面向晶圆键合检测的近红外显微镜的研制	毛鹏程	分析测试中心	仪器设备自制（改制）类	第五届
267	基于双束电镜对多样品承载多功能样品固定器的研发	华泽	分析测试中心	仪器设备自制（改制）类	第五届
268	球差校正电镜稳定性气密系统自制研究	张芳	分析测试中心	仪器设备自制（改制）类	第五届
269	液氦回收系统远程控制和智能化改造	尹红星	分析测试中心	仪器设备自制（改制）类	第五届
270	自制简易TEM"多头样品杆"	暴丽霞	分析测试中心	仪器设备自制（改制）类	第五届
271	混合式实验教学方法在企业经营管理课程建设中的应用研究	黄璐	管理与经济学院	实验技术研究类	第五届
272	《数码相机性能评测》教学软件研制	陈凌峰	光电学院	仪器设备自制（改制）类	第五届
273	小型化无掩膜光刻机系统研制	孔令琴	光电学院	仪器设备自制（改制）类	第五届

续表

序号	项目名称	负责人	所属单位	类别	届别
274	北京理工大学京外机构实验室仪器设备开放共享平台的建设与管理研究	张希莹	合作与发展部	实验室管理类	第五届
275	化学与化工学院安全制度体系建设与运行	耿俊明	化学与化工学院	实验室管理类	第五届
276	AR技术在化工基础实验教学中的应用研究	王烨	化学与化工学院	实验技术研究类	第五届
277	化工原理吸收实验装置的改造	王烨	化学与化工学院	仪器设备自制（改制）类	第五届
278	一种薄板振动变形场测量的实验系统研制	郭保桥	机电学院	仪器设备自制（改制）类	第五届
279	开放式弹道驱动加载冲击虚拟实验技术研究	刘瀚	机电学院	实验技术研究类	第五届
280	电池防爆箱（柜）防爆和耐火性能研究与探讨	王文杰	机电学院	实验技术研究类	第五届
281	基于数字孪生技术的无人机集群仿真教研系统	毛瑞芝	机电学院	仪器设备自制（改制）类	第五届
282	基于管道气体流场的湍流测量实验系统	王永强	机电学院	仪器设备自制（改制）类	第五届
283	机器人综合实训平台的研制	付铁	机械与车辆学院	仪器设备自制（改制）类	第五届
284	基于深度学习的教学型履带式无人平台设计与实现	鲁怡	机械与车辆学院	仪器设备自制（改制）类	第五届
285	带传动实验台升级	朱妍妍	机械与车辆学院	仪器设备自制（改制）类	第五届
286	STEAM与个性化学习进行融合教学的实验研究	徐建强	继续教育学院	实验技术研究类	第五届
287	基于气电窑烧成技术的陶瓷坯料实验研究	王乐耕	设计与艺术学院	实验技术研究类	第五届
288	智能设计实验室的精细化建设与日常运行办法研究	任熹培	设计与艺术学院	实验室管理类	第五届
289	核酸快速可视化检测技术研究	吕雪飞	生命学院	实验技术研究类	第五届
290	光学相干显微成像（OCM）仪器的研制	张晓	生命学院	仪器设备自制（改制）类	第五届
291	心肺复苏教具胸壁运动反馈装置研究	高天欣	生命学院	仪器设备自制（改制）类	第五届
292	基于LabVIEW的三轴声场扫描实验平台自动化控制研究	索鼎杰	生命学院	仪器设备自制（改制）类	第五届

续表

序号	项目名称	负责人	所属单位	类别	届别
293	微生物采集与鉴定系统在临床微生物鉴别中的流程开发	罗茂国	生命学院	实验技术研究类	第五届
294	MALDI—TOF多糖检测新方法开发	孙立权	生命学院	实验技术研究类	第五届
295	生物样品前处理技术在质谱分析测试中的应用和研究	顾昊	生命学院	实验技术研究类	第五届
296	分光计仪器升级改制研究	宋新兵	物理学院	仪器设备自制（改制）类	第五届
297	基于压缩感知的光子计数成像教学系统	姚旭日	物理学院	仪器设备自制（改制）类	第五届
298	基于鸿蒙系统的分布式数据采集系统研制	王振宇	物理学院	仪器设备自制（改制）类	第五届
299	前沿科研实验危险因素识别与安全设计——氢燃料电池和氢气发动机方向	范强锐	西山实验服务中心	实验室管理类	第五届
300	车辆实验中心实验队伍建设研究	谭建伟	西山实验服务中心	实验室管理类	第五届
301	交叉学科实验室安全知识高效模块化宣贯的探索研究	徐宝升	先进结构技术研究院	实验室管理类	第五届
302	基于高稳定挤出供料与控制技术的陶瓷3D打印设备研制	何汝杰	先进结构技术研究院	仪器设备自制（改制）类	第五届
303	网络化实验平台建设研究	吴莹莹	信息与电子学院	实验室管理类	第五届
304	窄带物联网通信终端的设计与实现	杨德伟	信息与电子学院	仪器设备自制（改制）类	第五届
305	基于信号处理和深度学习的牛顿环实验仪	鲁溟峰	信息与电子学院	仪器设备自制（改制）类	第五届
306	航天遥测信息演训教学实验仪研制	王辉	宇航学院	仪器设备自制（改制）类	第五届
307	穿戴式冰雪运动装备运动风险关键参数测试实验平台	王伟	宇航学院	仪器设备自制（改制）类	第五届
308	水下发射气液两相流动及载荷模拟实验平台研究	傅德彬	宇航学院	仪器设备自制（改制）类	第五届
309	控制力矩陀螺群设备研制	张景瑞	宇航学院	仪器设备自制（改制）类	第五届
310	武器系统虚拟仿真实验教学中心管理模式和运行机制探索	李文光	宇航学院	实验室管理类	第五届

续表

序号	项目名称	负责人	所属单位	类别	届别
311	新能源飞行器绿色感知与评估实验教学平台研制	贺云涛	宇航学院	仪器设备自制（改制）类	第五届
312	基于风洞环境下飞行器模型姿态控制系统研制	王正平	宇航学院	仪器设备自制（改制）类	第五届
313	太阳能飞行器姿态与能量耦合控制实验教学平台	张晓辉	宇航学院	仪器设备自制（改制）类	第五届
314	"居家式"力学实验套装	马沁巍	宇航学院	仪器设备自制（改制）类	第五届
315	基于Qube—Servo 2旋转倒立摆的协同与控制	王晴	自动化学院	实验技术研究类	第五届
316	多智能体系统城市搜救虚拟仿真实验系统	张佳	自动化学院	仪器设备自制（改制）类	第五届
317	四旋翼无人机飞行控制实验平台	李位星	自动化学院	仪器设备自制（改制）类	第五届

附录五　各类获奖情况

2000—2022年度考核A类人员名单

年份	A类处级干部	A类人员			
		1	2	3	4
2000	/	朱光辉	/	/	/
2001	李振键	马涛	仲崇娟	汤建平	/
2002	李振键	范强锐	/	/	/
2003	李振键	马涛	张淑玲	/	/
2004	李振键	朱光辉	彭绍春	张淑玲	/
2005	李振键	张淑玲	范强锐	/	/
2006	李振键	彭绍春	张东	马涛	/
2007	李振键	李继峰	马涛	/	/
2008	/	杨威	马涛	/	/
2009	/	李晋	施瑞	张连	/
2010	/	马涛	张继霞	/	/
2011	/	胡燕	张继霞	兰山	/
2012	/	张晓丹	张继霞	/	/
2013	/	范强锐	张继霞	兰山	/
2014	/	张晓丹	张继霞	/	/
2015	史天贵	兰山	李晋	高培峰	/
2016	/	张晓丹	刘琦	/	/

续表

年份	A类处级干部	A类人员			
		1	2	3	4
2017	史天贵、马涛	张继霞	赵睿英	/	/
2018	栗兴	赵睿英	姚朋君	/	/
2019	刘昕戈	张晓丹	李欢	杨正	/
2020	栗兴	姚朋君	高峰	赵睿英	/
2021	张晓丹	张继霞	姚朋君	高峰	/
2022	栗兴	姚朋君	赵睿英	李欢	张扬

个人获奖情况一览

年份	奖项名称						
	"三育人"先进个人	优秀共产党员	保密工作先进个人	综合治理先进个人	装备质量先进个人	综合管理先进个人	技术物资先进个人
2003		李振键					
2007	刘云飞	张东	范强锐				
2009	于晓勇	张帅					
2012	\	\	\	\	\	张晓丹	\
2013						张继霞	
2015	马涛	张继霞	\	\	\	\	\
2017	范强锐	兰山	张晓丹	姚朋君		赵睿英	李欢
2018	\	\	李欢	\	张继霞	\	张晓丹
2019	\	张晓丹	张晓丹	李世青		张继霞	李世青	姚朋君
2020	\	\	李欢		刘琦	\	张继霞
2021	\	栗兴	张美旭	\		姚朋君	高峰	\
2022					李欢	栗兴	李欢

集体获奖情况一览

年份	奖项名称
2001	A类单位
2002	先进党支部
2003	A类单位
2004	A类单位
2005	A类单位
2006	A类单位
2007	A类单位
2007	先进党支部
2009	"三育人"先进集体
2019	综合治理先进单位

附录六　回忆录及相关会议资料

一、大师口述实验室※

1. 雷达实验室完成了新中国第一个电视发射系统

1953年，因国家建设急需，国家重工业部决定在北京工业学院设立雷达专业，这是我国地方院校设立的第一个雷达专业。毛二可成了这个专业的第一批大学生，这给了他追逐梦想，为雷达事业奋斗的机会。当时国内在雷达研究方面处于萌芽状态，毛二可毅然选择了这个专业。在当年入党申请书里他有这样深情的表述："党的事业是我奋斗的方向。为了党的事业，我愿贡献出我的一切！"是啊，他把国家使命扛在肩上，与时代同频共振。连他自己"也没料到，选择的专业路，一走就是一辈子"。70年来，无论多么困难，毛二可都坚守这个选择，从未后悔过。

在谈到雷达建设的时候，毛二可院士回忆道：

当时我们系的雷达建设是个大问题，很需要人。因为国家很

毛二可

※　本节内容摘自蔺伟，姚文莉，和霄雯. 口述北理——北京理工大学口述史料 [M].北京：北京理工大学出版社，2020.

支持，以前我也说过，彭德怀已经批了三套雷达给学校，就是从苏联进口来的、在我们阵地还工作的雷达，拉了三套比较大型的雷达，另外还有一套国产的406雷达，就是当时国产的第一套，第一种米波雷达。这套雷达来了以后，我就开始装这套雷达。当时因为我们学校在东皇城根，中法大学那儿都是小雷达，那里没有场地。这一片1956年的时候就批给我们学校（指现在学校的位置），所以1号楼就是南门进来那个楼最先修，然后再1、2、3号楼几个教学楼才修起来。我们当时就在现在的3号教学楼。西边那个地方现在叫求是楼，那时候是平地，我们就在那架雷达。国产406雷达来的时候就有几个大卡车，一拉往那儿一放，系里要求由我来负责安装，架起来。说实话当时我22岁，没有太多搞雷达的经验，但是学了一点儿之后就开始看说明书，看完说明书就知道安装的关键是天线的架设问题。天线很高，大概10米或8米的高度，所以要架起来是挺困难的。天线原来是拆开后折叠起来放在车上的，现在要一块一块组装起来，最后要升起来。那么这些工作我一个人是弄不动的，因为它这个天线好像是还有个架子，现在给它在地上架起来斜着支起来，然后给它拉过去再翻起来，几个折叠就支起来了。那么这几个折叠也有绳子，东西是全的。当时我一个人肯定不行，有些体力活的事，学校就请了七八个临时工由我指挥，我来指挥他们怎么架，绳子捆在哪、怎么拉、怎么弄，最后给这个雷达架起来了。那时候周思永就修一个美国的雷达。其实现在从雷达的发展来看，我们还有一个美国"二战"时期最早的炮瞄雷达268，SCR-268。当时我和周思永我们两个，因为我们还住在钱粮胡同，学校新建校区这里没有宿舍，那时候又没有公共汽车，只有私人的小汽车跑清华跑颐和园，那是私人的，我们也坐不了，所以就在雷达车上睡。雷达车厢总有一块地方，铺一铺就在那儿睡。学校后来新建的楼有食堂后就在学校吃了，那一段我自己觉得还挺有意思。我们两个互相帮助，大家一起讨论，一起做事情。那个雷达SCR-268确实太老太旧了，所以没能恢复。

1958年以后，正式设计雷达场，后来我也参加了雷达场的设计，那时候俞宝传先生年纪大了，除有大的问题请示他以外，其他具体的就我们设计了。跟基建部门讨论，就是这几个雷达怎么摆设，电缆怎么走，电缆沟等这些布局是怎么样的，我当时还画图，最后基本上按照我们的思路给雷达场布置起来了。包括哪儿盖房子，哪儿是车库，这些基本上都按照这个格局给建设起来了。雷达实验室—雷达场那边,后来对教学也做了很多工作。我们当时有雷达实验课,就像操作实习,就是每个人都要在一个雷达上待上半天,学习如何开机、如何工作、怎么操作等,当然有老师辅导,怎么来做这些工作。

4号教学楼顶上圆屋顶和雷达场是一起的。当时我们这有六七个实验员,技校毕业的,还有两三个司机,管柴油机发电、管汽车。我们那儿汽车也不少,光π20一个雷达就7辆车,其他雷达都有车,所以总的车的数量也是挺多的。这样的话就要有专人保管、给蓄电池充电,等等。

2. 8系的国家重点实验室建设对于武器系统工程建设的意义非凡

马宝华在谈到原8系实验室建设的时候,回忆道:

专业改革必须以实验室建设和改造为物质基础,还要把教研室办专业改为系办专业。就是原来是81教研室建81专业,82教研室建82专业……是一一对应的,现在应该是系办专业。

1986—1987年,有个联合国减灾十年计划,高校也可以去申报世界银行贷款的项目,

马宝华

我们就想申报爆炸实验室。但贷款明确表明不能用于军事目的,我们就用学科建设的思想,军民结合,建设爆炸灾害预防与控制技术实验室,重点开展民用爆炸预防技术研究。申报过程也遇到了各种阻力,最后终于在1987—1988年的时候批下来了。后来不当系主任以后,我又和老师们一起争取了一个引信动态特性国防科技重点实验室。这两个实验室,现在是一幢楼,就是在机电学院的重点实验室楼。爆炸灾害预防与控制技术是国家重点实验室,引信动态特性是国家级重点实验室。

20世纪90年代初,国家要建设国防科技重点实验室。当时国防科工委综

合计划部组织专家评审国防科技重点实验室建设总体规划，组长是科学院院士陈能宽先生，我作为副组长协助陈院士主持会议，当时规划要建30个实验室。我将规划中的30个实验室，按照武器作战对抗的5个环节来分类，就是"发现、运载、投放、命中、毁伤"，结果"毁伤"环节的实验室数量最少。我就将这个现象跟陈老说，应该增加毁伤环节的重点实验室，火炸药技术和爆炸技术已经列入规划了，应该把引信技术实验室也列入规划。陈老说："你说得对。"因为他是搞原子弹的，知道引信的分量。陈老就说："这30个看来不够，得31个，要有一个引信技术实验室。"这样就形成了专家意见，接着我就跟机关主管参谋沟通，他们也很支持。我就向校领导汇报，和老师们一块儿商量，结果在学校遇到了很大的阻力。当时学校觉得，还有其他系都急需建专业实验室，引信专业在学校里不是很主要，于是当国防科工委综合计划部的冯汝明副部长来学校考察重点实验室建设基础时，学校没有安排他来看我们的引信实验室，如果没有实地考察就没法申报。我就事先在主楼门口等着冯部长，请他抽出点时间到我们引信实验室这儿来看看。结果冯部长看后很感兴趣，十分支持引信技术申报重点实验室，最后获得批准，和兵器引信研究所共建引信动态特性国防科技重点实验室。

在20世纪90年代，咱们学校就有了一个爆炸灾害预防与控制技术国家重点实验室，在8系；两个国家级重点实验室，一个是引信动态特性国防科技重点实验室，在8系；另一个是坦克动力传动国防科技重点实验室，在3系。当时8系的老同志，都知道这段历史，过程还是很艰苦的，所以这两个实验室的建立为整个兵器科学与技术学科建设，特别是军工技术领域的发展，奠定了很好的基础。

1998年学校组织开展"211工程"建设，我受聘作为北京理工大学首席专家主持武器系统工程相关的项目建设，这是一个由8系、2系、1系、10系相关老师参与的跨系建设项目，我们这个跨系建设团队曾被称为"82110部队"，大家在一起合作得很好，项目建设非常顺利，如期完成了建设任务。

3. 管理学院第一个实验室

甘仞初1979年10月—1981年11月到美国的威斯康星大学学习，把威斯康星大学的实验室拍成了幻灯片带回了学校，并在实验室设备处的支持下建立了管理学院第一个实验室。甘教授回忆道：

1990年前后，和管理信息系统专业部分教师在一起（左九为甘仞初）

因为我们学校是工科大学，实验室建设很重要，到这儿得了解一下他们实验室的情况。我就跟吴教授提出来，想花点时间把他们学校比较有名的实验室和设备情况拍下来，寄到中国去。没想到他非常支持，还告诉我做幻灯片要买专门的胶卷。我花了一个多礼拜的时间，把威斯康星大学的十几个单位主要的实验室拍了一遍。那时候我通过中国的访问学者联系，有的人不敢，我就直接联系，计算中心就是这样拍的。实际上我们有些担心没必要，有些实验室是公开的，有些实验室，像核实验室不让进，我也不去找那个麻烦。威斯康星大学计算中心非常有名，而且水平比较高，我直接找了计算中心主任，说我是中华人民共和国来的，带了一个照相机，想考察一下你们的实验室并介绍给中国。他马上把自己手头的工作停下来，亲自详细地给我介绍，说介绍到中国去，他感觉很荣幸。有的实验室还给我表演，像物理实验室、天文实验室。我一共挑出来100多张做成幻灯片，配了解说词，每张幻灯片上是哪个实验室，里面有什么设备。请吴教授到中国来访问时带回来，后来学校还组织放映。设备处的人对我很好，就是因为这个。我感觉没有白做，吴教授也感到很高兴，他也很光彩。

信息系统专业还有实验室建设，我们从1984年开始建设，当时我主管实验室，管理学院在宿舍楼办公，1984年才搬到2号楼。正好趁着搬家，我把一个大教室改造成为实验室,不光为信息系统专业服务,也是为全系服务。当时我采用高标准建设,开始是用我们自己的钱买微机,一台6万元,设备科说慢慢会便宜,我说等不及,我要接项目。后来接项目,给了9万元,我们都花在实验室建设上。后来学校又支持了一部分钱,因为有机器就有了基础。学校设备处看了说你们像干事儿的,我跟设备处有点关系,因为我把威斯康星大学主要的实验室都拍成幻灯片寄回来,他们都看了。设备处说送给我们一个网络,我说不要,不太先进,我要最高标准的网络,和计算机系要一样的,后来和计算机系配的一样的网络,但现在都落后了。当时是IBM系列微机,再加上配一些软件、人员、实验项目。后来开了鉴定会,认为我们的实验室是当时最好的,也是管理学院第一个实验室。现在管理学院的实验室也很先进,花了很多钱买设备,还搞了一些项目。这是我们教研室和实验室大家的功劳。

4. 北京理工大学第一台计算机、自动控制系自制设备

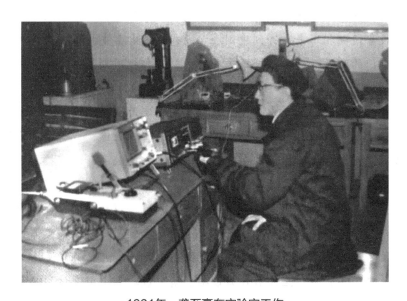

1991年,龚至豪在实验室工作

谈到自动化学院的实验室建设,龚至豪教授回忆道:

控制系原来的实验以课程为主,一门课一个实验室。现在我们把控制系

作为一个大的学科，统一为控制系统实验。过去的实验装置，无论是液压的还是电机的，都是买现成的。武器装备做实验，不允许乱拆乱卸，所以供学生所学的范围有限。现在我们根据学科发展要从原理上让大家学懂，又能操作，所以在20世纪80、90年代，马志清主任和王鸿志副主任提出来，控制系要有一个统一的控制系统实验室，让本科生、研究生都能在学习阶段做控制系统实验，得到基本的技能培训，理论得到应用。

我从1983年开始筹建，当时很多老师刚恢复正规教学工作，对搞实验有些顾虑，所以我让大家自己报名，干一年不愿意可以换。另外，我们的实验室不光是教学，还要搞研究、创新，这样好多人进来了。我们搞一些规划，要把我们认为典型的控制对象，变成一个实际可操纵的装置，一个带实物又带理论验证的实验装置，它的原理、数据、控制指标性能，都能够经过实验测试。大概花了两年时间，把论证方案做了答辩，学校给了30万元钱，买了我们学校第一台计算机。其他方面，我们分了3个实验室，首先保证急需的教学实验开出来，专业实验开出来，研究生的研究型实验也要开出来，这个思路很清晰。中心思想是，学生能够动手，在实践中发挥创造能力，创新意识要从实践中来，而不是从书本来，所以做了几十台装置。

过去的实验是以产品为主，不能随便过载，不能随便拆下来，原理、性能只能在这个范围内，过载了就搞不清楚了。现在是按照控制对象，有快速过程，有非线性过程，有慢变过来的慢实验过程，还有不稳定过程。比如倒立摆控制，只有在这一点它才立起来，换一点就倒下去了，怎么把它控制起来；还有工厂里机床加工那样的数字位置控制过程；像炉温是分布式的，冬天跟夏天炉子不一样，这样控制就要有自适应性，这就是智能控制。这些学生们学的原理，做成装置之后，既有趣味性，又有知识性，理论也比较深，是非线性的、自适应控制的、智能控制的。

20世纪80年代中期，自动化学会组织了一次高校的控制实验室技术交流会，把清华、北航、化工大学、北工大、长沙的国防科大、西北大学等控制专业的老师邀请来，我们给大家展示这些装置，然后讨论这个思路对不对，讨论作为控制的学科，应该怎么联系实际，而不是仅在计算机上模拟。后来我感觉大家都以此为方向，要把学科内容含到研究对象里。比如清华大学来了两次，看我的炉子。我的炉子是最破的，是化工系做实验击穿了不要，我捡回来的。这个炉子漏风，没有风之前温度可以稳定，风一来了马上就变化，这个变化得控制起来，对温度敏感，要自动修改，叫参数的自适应。现在控制理论里有一门课就叫自适应控制，我们比较早就把这些装置搞起来了。所以清华大学对这个装置很感兴趣，最简陋，也没花钱，而且是多变量，多输入、多输出，非线性、自适应，什么好词都往上加。自制设备后来把这一部分内容中深的给研究生开实验，我提出来，凡是控制系统的研究生，要把它当成一个基础实验课来学，都应该会自动控制系统的组装，不是说控制系就是做信号处理，也要会组装基本的控制系统。有几个研究生做完之后写了个实验报告《炉温的非线性自适应控制》，发表了期刊论文。

这个实验室我领头，陈绿深是副主任，全室都参与，我调走之后，陈绿深是主任。搞完实验以后，我们实验室开始搞科研，第一个就是前面说的啤酒厂的项目。自动化学院后来有一点"回流"，还是要每个教研室有一个实验室。不到半年，新的实验教研室成立之后又合了起来。现在自动化学院是一个统一的实验室，而且搞得更好，思路上、设备上，得到各种工厂、公司新的元器件支持，比原来的又扩大了，成了全国的访问点。

5. 实验不只是跨越了车道沟到巴沟的距离

谭惠民教授1955年被分到化学系的炸药合成专业，他回忆道：

那个时候车道沟只有教室，没有实验室，实验室在巴沟。做实验要从车道沟，走过后面那小河，走外语学院旁边那条路到南门，从南门进来，才到大楼，进一号平台。那里当时不是宿舍，是化工系的实验室。后来学生多了，到了二年级搬过来，就把实验区搬走了，都住在一号宿舍楼。我们一年级上课是在车道沟，实验来巴沟。那时风沙很大，温度比现在低。我们住在红楼，车道沟除了红楼都是平房，教室

谭惠民

也在平房。10月份以后到第二年春天，风沙很大。写笔记，写一写就要抖沙子。那个时候学生有一个特色，必要的装备：第一个雷锋帽，因为冷；第二个蛤蟆镜，把眼睛也捂住的。还有，上下都得穿大棉袄。北京风沙最大是在20世纪50年代，很厉害的。

二、工作部署总结会

1. 召开2005年实验室工作会

2005年3月4日，学校召开了实验室工作会。会议由实验室设备处李振键处长主持，孙逢春副校长、实验室设备处负责人、各学院主管实验室工作的副院长和有关单位负责同志参加了会议。首先，会议就2005年实验室建设与管理工作进行了全面部署，明确了十项工作要点。接着，全体与会人员围绕工作要点，就如何落实要点工作进行了讨论，提出了一些建设性的建议。最后，孙逢春发表了讲话。

孙逢春指出，学校和实验室设备处的年度工作要点都已经明确，实验室系统的全体同志要紧紧围绕要点努力工作，争取以扎实有效的工作全面完成全年的各项工作任务。

孙逢春强调指出：

（1）全年学校建设任务很重，仪器设备采购工作量很大，各单位要认真做好采购法规、政策的宣传工作，加强组织领导与协调沟通，提高工作效率，确保高质量完成仪器设备采购任务。

（2）坦克传动国防科技重点实验室运行评估、北京市重点实验室验收等工作都是全年重点工作，有关单位必须高度重视，认真准备，争取高水平地通过上级主管部门的评估和验收。

（3）必须重视安全工作。教学、科研和建设任务越繁重，工作越繁忙，安全工作就越重要，这是学校各项工作顺利开展的基本保障，各单位要严格落实安全生产责任制，责任到位，确保学校安全稳定。

2. 召开2006年实验室工作会

2006年3月23日，学校2006年实验室工作会在主楼四层会议室召开。党委副书记赵平，副校长孙逢春，实验室设备处处长李振键、副处长金军，各学院主管实验室工作副院长以及现代教育技术与网络信息中心和西山实验区负责人参加了会议。会议由实验室设备处处长李振键主持。

2006年实验室工作会

首先，实验室设备处处长李振键处长介绍了《实验室设备处2006年工作要点》的相关内容，重点对"十五""211工程"仪器设备总结验收、"985工程"二期等重大建设项目的仪器设备采购、北京市和国家级实验教学示范中心建设和申报、良乡校区一期基础教学实验室的规划与建设等十个方面的工作进行了阐述，要求各单位根据实际情况，围绕实验室设备处的年度工作要点，全力以赴做好教学、科研和学科实验物质平台的建设，努力发挥实验室及仪器设备的使用效益，加强学校实验室安全管理，不断提高实验室建设与管理水平。

金军副处长就良乡校区实验课程开设情况调查工作进行了布置，并对近期学校实验室安全检查工作中发现的相关问题进行了通报。

随后，与会人员对《实验室设备处2006年工作要点》的相关内容以及学校今后的实验室建设与管理进行了充分的讨论，并在优化仪器设备资产管理、创新实验教学改革和良乡新校区的实验室建设等方面提出了一系列合理化的意见和建议。

最后，孙逢春副校长和赵平副书记先后就当年学校实验室建设与管理工作发表了讲话。

孙逢春副校长指出：本科教学评估工作时间紧，任务重，各单位应将其放在突出位置，全力以赴做好评估准备工作；良乡校区建设，应在优化资源配置，避免重复投资方面广开思路，采取相应的措施；教学名师的评选、精品教材的建设以及北京市和国家级实验教学示范中的申报工作，应在巩固已有建设成果的基础上，力争取得更加优异的成绩；各学院应进一步加强实验

孙逢春副校长讲话

选修课的开设，加大实验室的开放力度，完善实验记录；其他如国防科工委级国防重点实验室的申报、加强采购工作的规范性、落实工作目标责任制等方面的工作，各单位也应予以高度重视，及早准备，相互配合，落实到位，高质量，高水平完成任务。

赵平副书记讲话

赵平副书记指出：主管实验室的领导要充分认识实验室工作的重要性，将以往好的传统延续下去，推动各项工作不断向前发展；安全工作是实验室各项工作的重中之重，"责任重于泰山，安全高于一切"，各单位应予以高度重视，以科学化、规范化、制度化的建设思路，建立融教育、预防、整改于一体的实验室安全管理监督保证机制；廉政建设工作必须常抓不懈，相关单位应全面落实学校2006年党风廉政建设和反腐败工作的要求，健全规章制度，强化廉政意识，坚决抵制和杜绝商业贿赂；同时，管理部门应在增强服务意识，提高服务质量方面拓展思路，走在前列。

3. 召开实验室系统2006年工作总结暨2007年工作研讨会

实验室系统2006年工作总结暨2007年工作研讨会

2007年1月23日下午，实验室设备处组织召开了学校实验室系统2006年工作总结会暨2007年工作研讨会，党委副书记赵平出席会议，各学院和现代教育技术与网络信息中心的主管实验室工作领导以及设备干事和技安干事参加了会议，会议由实验室设备处李振键处长主持。

首先，刘云飞副处长向与会人员总结汇报了实验室设备处2006年在"十五""211工程"仪器设备验收、仪器设备采购、实验室建设与管理、仪器设备资产管理、实验室安全生产以及内部建设等六个方面开展的工作。

实验室设备处副处长刘云飞发言

随后，环保技安科范强锐科长结合近期下发的《关于加强期末及寒假期间实验室安全工作的通知》，进一步重申各单位要做好期末及寒假期间实验室安全的有关工作。

接着，李振键处长向与会人员介绍了实验室设备处2007年工作要点，并组织与会人员针对2007年工作要点以及实验室设备处的管理服务等工作进行了讨论。与会人员还对学院实验室发展建设思路等工作发表了意见。

实验室设备处处长李振键发言

最后，赵平副书记做了总结发言，并重点就本科教学工作水平评估、良乡校区实验室搬迁和实验室安全生产工作等问题谈了自己的想法。

赵平副书记讲话

4. 学校召开2007年"安全生产月"活动布置工作会

2007年6月1日，学校在主楼四层会议室召开2007年"安全生产月"活动布置工作会。党委副书记侯光明、赵平，副校长赵显利出席会议。参加会议的有党办、校办、实验室设备处、保卫处、党委宣传部、校团委、后勤办、总务后勤部、科技处、保密处、学生工作部、西山实验区办公室、膳食部、

2007年"安全生产月"活动布置工作会

居管会、产业办负责人及各学院主管实验室安全副院长，会议由党委副书记赵平主持。

赵平副书记讲话

赵平副书记首先传达了国防科工委组织开展国防科技工业2007年"安全生产月"活动的意见和北京市政府转发国务院办公厅关于在重点行业和领域开展安全生产隐患排查治理专项行动文件的通知精神。赵平副书记指出，学校自上而下重视安全生产工作，系统深入地开展了一系列安全生产活动。针对全年的"安全生产月"活动，归根结底还是要抓好落实，责任要到单位，要到个人，学校将在"安全生产月"结束以后，对各项活动的完成情况进行总结。他希望与会人员积极履行安全生产工作职责，使得安全生产工作让学校的广大师生满意。

侯光明副书记指出全年"安全生产月"活动突出了"文化建设"和"责任分工"。学校各单位应以"安全生产月"为契机，切实解决学

侯光明副书记讲话

校存在的安全问题。并强调了安全文化建设方面的四点意见和利用"安全生产月"的契机,组织落实好有关的具体工作,并对学校安全生产管理人员提出了应该"以无情的事故教育人、以真心的语言感动人、以衷心的服务管理人"的工作形象要求。

赵显利副校长首先肯定了全年"安全生产月"活动方案,认为该方案内容新颖、职责明确,提出了实验室安全文化建设和实验室准入制这两项具有创新性的实验室安全活动,各单位要按照方案中的分工,落实责任和具体措施,确保各项内容得以全面出色地完成。赵校长还重点强调了食品卫生、学生公寓、技防与保密、交通安全等四方面的安全生产问题。

赵显利副校长讲话

实验室设备处处长李振键介绍了全年学校"安全生产月"活动方案。全年"安全生产月"活动重点围绕学校提出的"育人为本,安全为先,全员提高,重在落实"的实验室安全文化建设理念,突出全员参与和文化建设。学校将要组织开展各学院、部、处级单位安全生产自查及校领导带队分组对校内重点部位进行安全检查,校园安全文化建设系列活动,各学院开展注重实效的实验室安全活动,召开实验室准入安全培训总结交流会,《实验室安全手册》阶段总结及经验推广等十项活动。

2008年实验工作会

5. 召开2008年实验室工作会

2008年3月13日上午,学校在主楼四层会议室组织召开了2008年实验室工作会,党委副书记赵平出席了会议,各学院主管实验室工作负责人参加了会议,会议由实验室设备处李振键处长主持。

刘云飞副处长首先向与会人员介绍了实验室设备处2008年工作要点,并对其十个方面的内容进行了布置。参会人员针对工作要点进行了认真的讨论。

李振键处长结合讨论情况进行了总结,并提出了落实全年工作要点的措施和要求。

赵平副书记最后对实验室建设与管理工作提出了三点要求:①本着"高目标、高水平"宗旨做好我校学校实验室建设与管理工作;②实验室系统工作人员要主动性、创造性地开展工作;③抓紧建立完善的安全生产管理责任体系,确保学校各项安全生产任务的顺利实施。

6. 学校召开2008年"安全生产月"活动布置工作会

2008年"安全生产月"活动布置工作会

2008年5月28日上午,学校在主楼四层会议室召开2008年"安全生产月"活动布置工作会。党委副书记赵平出席会议,宣传部、保卫处、实验室设备处、良乡校区、西山实验区办公室、总务后勤部、膳食部,产业办公室负责人及各学院、中心主管实验室安全工作的领导参加了会议。会议由党委副书记赵平主持。

赵平副书记首先传达了国家国防科技工业局、北京市政府分别下发的关于开展2008年"安全生产月"活动的通知精神,以及国家国防科技工业局、北京市教育委员会分别下发的关于开展安全生产百日督查专项行动的有关工作要求。

实验室设备处处长李振键接着介绍了学校全年"安全生产月"活动方案,全年"安全生产月"活动将重点围绕"2008年是安全生产隐患治理年"和"安全生产百日督查专项行动"的有关工作要求,切实开展校园安全生产隐患排查治理工作,并推进学校实验室安全文化建设。

最后,赵平副书记对全年"安全生产月"的各项活动和学校的安全生产工作作了进一步部署,要求各单位依照"谁主管、谁负责"的原则,切实负起安全生产责任,确保"安全生产月"的各项活动和学校的安全生产工作取得实效。同时,他结合近期学校在实验室例行安全检查中发现的问题,对学校的安全生产工作提出了三点要求:一是安全检查要严格深入,对违规行为采取更加有效的治理措施;二是结合安全生产存在的问题,不断完善管理规章制度;三是进一步细化安全生产责任制,确保安全生产责任落实到人。

7. 召开2008年下半年实验室工作会

2008年下半年实验室工作会

2008年9月18日上午,学校在主楼三层会议室召开了2008年下半年实验室工作会,党委副书记赵平出席了会议,保卫处、良乡校区后勤保卫办公室、西山实验区办公室和各学院主管实验室工作的负责人参加了会议,会议由实验室设备处李振键处长主持。

实验室设备处刘云飞副处长首先对学校暑假及奥运期间实验室安全工作情况进行了总结,并布置了《关于加强奥运会后实验室安全工作的通知》的相关工作。

李振键处长对学校2008年上半年实验室工作做了小结并介绍了下半年将

要开展的主要工作。随后,与会人员结合实验室建设与管理等工作进行发言,并交流了意见。

最后,赵平副书记对学校在奥运期间实验室安全生产工作中取得的成绩予以肯定,并对实验室工作提出了三点要求:①要时刻重视实验室安全工作,持续深入,实现本质安全;②在确保实验室日常工作安全稳定和平稳运行的基础上,加强精细化管理,做好学校实验室的发展工作;③有关职能部门和学院的主管领导要以高度的责任心做好学校的各项实验室工作。

8. 召开2013年度第一次实验室工作会

2013年2月26日上午,学校在2号办公楼211会议室召开了2013年度实验室工作会,赵显利副校长,实验室与设备管理处处长史天贵、副处长马涛、副主任彭绍春,各学院实验室工作分管院领导及其他相关人员参加了会议,会议由赵显利副校长主持。

会议首先由史天贵处长对2012年度实验室建设工作情况进行了全面总结,随后从实验室建设与管理等12个方面布置了2013年度工作,并就其中的实验教学示范中心与专业实验室建设、实验室信息化建设、实验技术人员岗位核定、安全生产责任体系贯彻、廉政勤政建设等重要工作作了重点说明。

2013年度第一次实验工作会

实验室与设备管理处处长史天贵发言

随后彭绍春副主任就实验室修购建设项目申报、大型仪器设备开放共享、校级分析测试中心建设等方面的工作进行了具体安排;马涛副处长对实验室安全标识的编制和安装工作进行了具体说明与布置。

分析测试中心副主任彭绍春发言

实验室与设备管理处副处长马涛发言

赵显利副校长就2013年实验室工作做了重要讲话，要求全体参会人员统一思想、统一认识，要创造性地开展工作；实验室设备处要做好组织协调，各个学院要全力支持配合，高效优质完成当年工作。

赵显利副校长讲话

9. 召开2013年度第二次实验室工作会

2013年12月27日上午，学校在2号办公楼211会议室召开了实验室工作会，赵显利副校长，学校办、机关党委、宣传部、科研院、教务处、人事处、国有资产管理处、财务处、实验室与设备管理处负责人及各学院主管实验室工作负责人出席了会议，会议由赵显利副校长主持。

会议首先由财务处周勇副处长对《北京理工大学仪器设备开放服务管理办法（试行）》进行宣贯，并对文件进行了深入的解读；实验室与设备管理处彭绍春副主任详细介绍了仪器设备开放服务工作的具体工作流程，随后就开展全校仪器设备核查工作进行了具体说明与布置。

2013年度第二次实验室工作会

财务处副处长周勇发言　　　　　分析测试中心副主任彭绍春发言

实验室与设备管理处设备管理科张继霞科长对《北京理工大学材料、元器件及低值品管理办法》进行了宣贯；实验室管理科兰山科长就2011—2013年实验室建设项目验收工作做了安排；环保技安科范强锐科长对安全生产总结评比及相关工作做了布置。

实验室与设备管理处史天贵处长就在全校范围内开展先进实验室及实验室工作先进个人评选工作做出了布置。最后，赵显利副校长做了重要讲话，并就几项重点工作做出重要指示：一是仪器设备开放共享工作要将文件精神落到实处，做好运行保障工作，充分调动学院积极性，有效提高仪器设备使用率。二是加强统筹安排，高度重视仪器设备核查工作，做到不走形式，无一错漏。三是所有单位对安全生产工作要时刻警惕，常抓不懈，确保各项安全责任落实到位。

实验设备管理处处长史天贵发言　　　　　赵显利副校长讲话

10. 召开2014年度实验室工作会

2014年3月18日上午，学校在2号办公楼211会议室召开实验室工作会，学校办、发规处、研究生院、教务处、科研院、人事处、财务处、国有资产管理处、各学院主管实验室工作的院领导及实验室与设备管理处相关人员出席了会议，会议由李和章副校长主持。

2014年度实验室工作会　　　　　　　　　李和章副校长讲话

会议首先由实验室与设备管理处处长史天贵总结了学校在2013年实验室建设、示范中心申报、大型仪器设备开放共享、仪器设备采购、安全生产保障、仪器设备资产核查、材料和低值品管理等方面取得的成绩和不足之处，并就全年工作重点做了布置。

随后实验室与设备管理处分析测试中心副主任彭绍春布置了全年实验室建设项目申报、校级示范中心和虚拟仿真实验中心评建等重点工作。

实验室与设备管理处处长史天贵发言　　分析测试中心副主任彭绍春发言

实验室管理科科长兰山、技安环保科科长范强锐和设备管理科科长张继霞分别就实验室研究项目结题与申报、安全生产管理课题申报、仪器设备资产清查等方面的工作做了布置说明。

管理科科长兰山发言　　技安环保科科长范强锐发言　　设备管理科科长张继霞发言

李和章副校长做了重要讲话，指出实验室建设必须围绕人才培养和科学研究开展，尤其要加强专业实验室建设，要确保实验室建设的高水平。要加大实验室开放力度，为学生进入实验室创造更加便利的条件。最后，他强调各单位必须抓住重点，以认真踏实、雷厉风行的工作作风积极开展当年的各项工作。

11. 召开2015年度实验室工作会

2015年3月18日，学校在2号办公楼233会议室召开实验室工作会。副校长孙逢春出席会议，学校办、发规处、研究生院、教务处、科研院、人事处、财务处、国有资产管理处、国际交流合作处、各学院主管实验室工作院领导及实验室与设备管理处全部人员参加了会议。会议由实验室与设备管理处处长史天贵主持。

2015年度实验室工作会

会议首先由实验室与设备管理处副处长马涛总结了学校2014年度实验室工作取得的成绩,分析了工作中存在的不足。

随后,实验室与设备管理处副处长赵保军公布了2014年度校级实验中心的评审与主任任命结果及北京理工大学安全生产先进单位和先进个人评选结果,并对先进单位和先进个人进行了表彰。

实验室与设备管理处彭绍春副主任介绍了实验室与设备管理处2015年度工作要点,并对实验教学示范中心申报与建设、仪器设备采购管理与开放共享、安全生产监督与管理、良乡校区分析测试中心的建设等进行了重点说明。

实验室与设备管理处副处长马涛发言

实验室与设备管理处副处长赵保军发言

分析测试中心副主任彭绍春发言

实验室管理科科长兰山、设备管理科科长张继霞、技安环保科科长范强锐分别就国家级实验教学示范中心校内选拔和校级虚拟仿真实验教学中心申报、仪器设备开放共享工作流程、安全生产管理等方面的工作做了布置说明。

管理科科长兰山发言　　　设备管理科科长张继霞发言　　　技安环保科科长范强锐发言

材料学院副院长李树奎详细介绍了学院仪器设备开放共享工作经验。

实验室与设备管理处处长史天贵对实验室信息化、实验室技术队伍建设、实验室建设项目立项与实验室安全生产等工作作了进一步的补充，就开展实验室实体化管理作了重点阐述说明。

材料学院副院长李树奎发言　　　实验室与设备管理处处长史天贵发言

孙逢春副校长在会上做了重要讲话，指出各单位要高度重视，做好安全生产、实验技术队伍建设、仪器设备采购风险控制、大型仪器设备共享等重点工作。他要求各单位要认真规划，充分整合资源，将学校实验室与设备管理工作提高到一个新的台阶。

孙逢春副校长讲话

12. 召开2016年度实验室工作会

2016年9月27日下午,学校实验室工作会在2号办公楼211会议室召开,校长助理龙腾,实验室建设工作分委员会成员,前沿交叉科学研究院、火炸药研究院、先进结构技术研究院、分析测试中心、西山实验管理中心、高精尖中心相关人员,各学院实验室工作负责人参加了此次会议。会议由实验室与设备管理处处长史天贵主持。

2016年度实验室工作会

会上,实验室与设备管理处相关工作负责人对实体实验室建设、实验室安全检查和专项整治、实验室建设项目验收进行了工作布置,对公共实验平台管理办法、专职实验人员考核指导意见、贵重仪器设备考核指标做了解读并向各单位征求意见,通报了实验室开放工作及政策、专职实验人员出国培训项目、2016年度仪器设备资产清查等工作的相关情况。

校长助理龙腾讲话

最后，龙腾在总结中指出，实验室安全检查是目前工作中的重中之重，要继续强化参与实验室工作的教师、学生的安全意识，落实实验室安全教育，将安全教育培训常态化。要高度重视实验室建设工作，各单位应结合实际全面分析问题，深入研究对策，提高主观能动性，围绕学校发展的中心目标和核心任务，服务学校"双一流大学"建设，不断协同与创新实验室工作，发挥好实验室在人才培养和学科建设中的作用。

13. 召开2017年度实验室工作会暨安全生产先进表彰会

2017年3月15日下午，学校在设计与艺术学院报告厅召开实验室工作会暨安全生产先进表彰会。校长胡海岩、常务副校长杨宾、副校长陈杰、校长助理龙腾出席会议，相关部门负责人，各学院实验室工作负责人，安全生产先进单位及个人参加会议。会议由龙腾主持。

实验室与设备管理处就实验室及安全生产工作进行了汇报。实验室与设备管理处处长史天贵对2016年度实验室工作进行了总结，并介绍了2017年度实验室工作要点。实验室与设备管理处副处长马涛就近期实验室安全工作进行了汇报。

2017年度实验室工作会暨安全生产先进表彰会

实验室与设备管理处处长史天贵发言

学校对2016年度安全生产先进进行表彰和颁奖。龙腾宣读了学校安全生产先进表彰决定。胡海岩、杨宾、陈杰依次为6个安全生产先进单位、12名先进个人颁发了荣誉证书。

胡海岩在会上做了重要发言，对2017年度实验室及安全生产工作谋划表示赞同，并就重点工作做了指示和要求。他强调，学校安全生产工作面临的形势非常严峻，要提升监督检查力度，要坚持从严治校理念，对于发现的问题，处理时绝不姑息。一流大学要有一流的实验室和一流的专职实验队伍，各单位要做好实验队伍改革工作，为建设一流大学提供强有力的支撑。

获奖代表合影　　　　　　　　　　胡海岩校长讲话

会上实验室与设备管理处对近期工作做了详细布置。实验室与设备管理处副处长兰山就实验室相关工作进行了布置和通报，对仪器设备采购制度变化情况进行了介绍。实验室与设备管理处副处长赵保军对仪器设备管理工作进行了布置和通报。

校长助理龙腾讲话

龙腾做了总结发言，他指出，胡校长在会议上对安全生产、实验室建设、实验队伍建设等方面做了明确的指示，学校一贯重视此方面的工作，相关校领导多次就此进行批示和要求,希望各学院和相关部处在会后跟进落实,把会议精神及工作布置切实传达到基层,把相关工作抓紧、抓细、抓好,积极推动学校"双一流"建设工作。

14. 召开2017年度实验室与安全生产工作会

2017年9月8日下午2点,学校在2号楼211会议室召开了实验室与安全生产工作会。校长助理龙腾出席会议,安全生产领导小组成员单位、各学院、相关部处负责人参加会议。会议由实验室与设备管理处处长史天贵主持。

2017年度实验室与安全生产工作会

实验室与设备管理处处长史天贵发言

校长助理龙腾讲话

实验室与设备管理处马涛副处长传达了工业和信息化部罗文副部长在"部属单位安全生产工作部署会"上的讲话精神;并对全校安全生产大检查及"国庆"至"十九大"期间安全生产工作进行了部署。实验室与设备管理处兰山副处长介绍了实体实验室、实验平台建设现状及下一步工作要点,并代表实验室设备处与人事处布置了实验队伍人员核定工作。

史天贵对实验室有关工作做了进一步要求,一是尽快完成实体实验室梳理工作;二是充分整合资源,积极扎实推动公共实验平台规划与建设工作;三是切实摸清家底,完成实验人员队伍的统计核查工作。

龙腾重点强调了安全生产和公共实验平台建设工作。他指出安全生产工作要做好以下几点：①各单位一定要充分认识到安全生产工作的重要性；②一定要将会议精神传达至单位正职领导及全体班子成员；③一定要真抓实干，落实督查，让每个环节受控；④学校将坚持全面从严治校理念，严肃追责问责，发现问题，绝不姑息。同时，对公共实验平台建设提出了意见和要求，他指出，公共实验平台与学校发展命脉相连，是大势所趋，是唯一出路，各单位要切实落实党委决定，到2020年建成相应数量的校级教学科研和院级专业特色公共实验平台；要充分下定决心，全面整合资源，创新解决办法，打破增量面积的制约；要认清公共平台建设重点，为新人新方向的发展创造条件；要使平台建设经得住未来至少三年的发展变化，严格论证，把握好前瞻性、适应性。最后，他指出，公共实验平台是学校承担重要科研项目的关键条件，主管部门要认真考虑将公共实验平台建设纳入绩效考核，并于近期召集各学院一把手共同研讨和推进公共实验平台建设。

15. 召开2018年度安全生产与实验室工作会

2018年5月29日，学校在中关村校区主楼尾楼133会议室召开安全生产与实验室工作会。副校长李和章、副校长龙腾、校长助理汪本聪出席会议，各学院及相关部处负责人、安全生产先进单位代表及先进个人参加会议。会议由汪本聪主持。

保卫处副处长章涛代表安全生产领导小组汇报了安全生产工作，实验室与设备管理处副处长兰山汇报了实验室工作，实验室与设备管理处处长史天贵解读了即将出台的10项安全生产及实验室管理制度，分析测试中心主任彭绍春、材料学院副院长刘艳介绍了实验平台建设经验。

会议对2017年度安全生产先进单位和先进个人进行了表彰和颁奖，并举行了《安全生产责任书》签订仪式。

李和章就安全生产工作发表讲话。他强调：一要高度重视，坚决落实责任制；二要不留死角，到边到位；三要加强制度学习和贯彻；四要加强培训工作；五要认真落实逐级检查机制；六要做好隐患排查治理；七要确保各项工作落实到位。

龙腾做了总结发言。他对安全生产和实验室工作分别提了四点要求：一是安全生产是底线保障，当前安全形势十分严峻，全体人员务必高度重视；二是事故教训极为惨重，要本着对学生负责的原则，把工作抓实抓透；三是公共实验平台的建设,要做到论证、建设、运行、评估全流程闭环管理;四是各单位要认真宣贯近期出台的实验室相关制度,做好实验室实体化和信息化相关工作。

16. 召开制度宣贯会

制度宣贯会

2018年6月15日,实验室与设备管理处在中关村校区中心教学楼一层报告厅召开制度宣贯会。会议吸引了各学院设备干事、专兼职实验人员、实体实验室相关教师、学生等共计300余人到场。实验室与设备管理处处长史天贵、副处长赵保军、处内相关工作人员参加会议。会议由史天贵主持。

实验室与设备管理处六个科室负责人分别就专技评聘条件和考核实施意见、竞价采购平台、材料管理平台及开放共享政策、实验室研究项目管理办法、实验室安全管理制度、管控品采购使用要求等做了介绍,并同现场人员进行了互动,针对与会人员提出的问题做了现场答疑。

史天贵最后强调:一是希望此次宣贯会能切实帮助师生进一步熟悉和掌握相关制度内容和工作流程;二是处内相关科室要坚持问题导向,积极思考、认真对待、努力解决工作中存在的问题。

17. 召开安全生产工作会暨2018年度安全生产先进单位评审会

为认真贯彻落实工业和信息化部、北京市教育委员会关于安全工作的一系列指示精神,进一步加强安全生产工作,2018年12月28日下午,北

2018年度安全生产先进单位评审会

京理工大学召开安全生产工作会议。校党委书记赵长禄，副校长李和章、龙腾出席会议。学校各职能部门、学院相关负责人参加会议。会议由李和章主持。

李和章传达了工信部进一步做好部属高校安全稳定的会议精神。龙腾传达了工信部安全生产工作会议精神。史天贵传达了北京市教委教育系统安全紧急工作会议精神。

赵长禄强调，要树立总体国家安全观，高度重视安全生产工作，采用自查为主的工作方法，切实做好微观工作层面的安全生产管理，要确确实实抓出成效。

党委书记赵长禄讲话

安全生产工作会结束后，学校组织开展了2018年度安全生产工作考核及先进单位评审。

18. 召开2018年固定资产工作总结暨培训会

2019年1月11日上午，资产与实验室管理处在中关村校区2号楼133会议室召开2018年固定资产工作总结暨培训会。各学院分管资产工作领导、设备干事等共计27人

资产与管理处副处长刘博联发言

参会。资产与实验室管理处副处长刘博联、设备室相关工作人员参加会议。会议由刘博联主持。

刘博联副处长简要汇报了2018年固定资产管理工作,并对资产清查、贵重设备效益考核、开放基金申请等2019年重点工作进行了安排部署。

2018年固定资产工作总结暨培训会

信息学院李焕新老师从学院固定资产管理情况出发,重点介绍了学院固定资产管理规章制度建设、仪器设备开放共享、仪器设备处置等工作经验,并提出了多项建议。

材料学院刘艳副院长分析了学院仪器设备管理中存在的困难和问题,重点介绍了材料学院仪器设备开放共享工作中取得的成绩,并分享了仪器设备清查及开放共享经费管理等宝贵经验。

最后,材料采购管理平台技术人员对各学院设备干事进行了平台使用培训。

材料学院副院长刘艳发言

材料采购平台培训

会上,全体与会人员进行了广泛交流和经验分享,为进一步开展好固定资产管理工作,切实提升资产与实验室管理处固定资产管理水平与业务服务质量打下了良好基础。

19. 召开2019年度第一次实验室安全工作会议

为进一步做好实验室安全工作，2019年2月25日下午，学校在2号楼133会议室召开了实验室安全工作会议。副校长龙腾出席会议，各学院及相关部处负责人参加会议，会议由资产与实验室管理处处长史天贵主持。

2019年度第一次实验室安全工作会议

龙腾副校长讲话

会上，对近期实验室安全工作情况进行汇报，通报了北京某高校实验室安全事故处理情况，并介绍了本学期及重大活动期间实验室安全工作要点。史天贵强调了落实学校《安全生产工作条例》《学生参加实验安全管理办法》等制度在实验室安全管理中的重要性；相关职能部处要根据"谁主管，谁负责"的原则，进一步压实安全职责；各学院要强化主体责任意识，利用制度、培训、自查等措施，进一步夯实安全管理基础。

龙腾在总结讲话中指出，高校实验室安全事故令人痛心，一定要引以为戒，强化学校实验室安全管理。他强调，安全管理工作要"有流程、抓治理"，并提出三点要求：一是干部重视，要避免管理效力层层衰减；二是教师重视，要切实做好实验室层面的安全管理；三是学生重视，学校、学院、教师均应加强对学生的安全教育和培训。

20. 召开2019年度第二次安全生产工作会

为扎实推进下半年安全生产工作，全力保障国庆庆典活动顺利举行，2019年9月12日下午，学校在2号楼211会议室召开了安全生产工作会议。副校长龙腾出席会议，各学院及相关部处负责人参加会议，会议由资产与实验室管理处处长史天贵主持。

2019年度第二次安全生产工作会

龙腾副校长讲话

会上，对上半年安全生产工作情况进行汇报，对下半年安全生产工作进行部署，并重点强调近期安全生产工作要求，同时，对2018年度安全生产先进单位和先进个人进行表彰，并宣布成立校级实验室安全督查员队伍，加强实验室日常安全督查工作。

龙腾对安全生产工作提出六点要求：高度重视、反复督查、不留死角、盯紧重点、建章立制、万无一失。他强调，各单位要不忘初心，思想重视，做实做细，关键时刻不能出任何问题。

21. 召开2020年度实验室工作会

2020年6月4日，资产与实验室管理处在车辆实验楼204会议室组织召开2020年度实验室工作会暨实验室建设工作座谈会，各学院及相关单位实验室工作分管领导、资产与实验室管理处科级以上人员参会。会上，资产与实验室管理处就实验室相关工作进行了汇报和部署，与会人员展开了充分的研讨，并对学校的资产与实验室管理工作提出了宝贵的意见和建议。

2020年度实验室工作会

22. 召开2021年度实验室工作会

2021年3月10日下午，学校组织召开了2021年度实验室工作会。常务副校长龙腾出席会议。人力资源部、教务部、研究生院、计划财务部、科学技术研究院、国际交流合作处、前沿交叉科学研究院、先进结构技术研究院、高精尖中心、西山实验服务中心、分析测试中心、资产与实验室管理处负责人及各专业学院相关工作负责人参加会议。会议由资产与实验室管理处处长史天贵主持。

2021年度实验室工作会

龙腾副校长讲话

会上，首先介绍了资产与实验室管理处2021年工作要点，部署了公房专项整治、成本核算、安全生产、实验平台建设等专项工作。随后，资产与实验室管理处处长史天贵对工作要点和专项工作进行了重点解读和强调。

最后，常务副校长龙腾做了总结讲话。他要求，各学院各部门一是要创新思路，科学调配，积极拓展校内外增量资源，充分运用成本核算优化存量资源，提高站位，攻坚克难，严格按照时间节点完成各项工作。二是要高度认识安全生产的重要性，坚守安全生产底线，注重各个工作环节，落实闭环管理。三是要加强实验平台建设的整体谋划，统筹推进，要以绩效产出为核心，提高运行效率，强化队伍建设，切实提升各类实验平台的整体水平。

23. 北京理工大学召开2021年"安全生产月"工作动员及部署会

2021年5月28日下午，学校在2号办公楼133会议室召开2021年"安全生产月"工作动员暨部署会。常务副校长龙腾出席会议，学校安全生产领导小组成员单位及各学院分管领导等参加会议。会议由资产与实验室管理处处长史天贵主持。

2021年"安全生产月"工作动员及部署会　　　　　　先进单位代表合影

会上，对2021年"安全生产月"活动进行工作动员和部署。本次"安全生产月"将重点从宣传教育、应急演练、安全检查与隐患治理等方面开展各项工作，确保学校安全生产形势持续稳定。

先进个人合影

签订《安全生产责任书》

会上，对2020年度安全生产先进单位及先进个人进行表彰，并举行2021年《安全生产责任书》签订仪式，常务副校长龙腾与学院及职能部门代表签订责任书。

还举行了"北京理工大学安全生产专家指导组"聘任仪式。北京科技大学资产管理处处长金仁东、中国地质大学（北京）实验室与设备管理处处长梁勇、北京大学医学部设备与实验室管理处处长沈如群、北京理工大学机电学院副教授黄平等作为专家指导组代表接受聘任，专家组将在制度建设、安全检查、安全培训、事故调查处理等方面，为学校安全管理工作提供技术指导和咨询。

常务副校长龙腾讲话

龙腾指出，做好安全生产工作要做到以下七点：一是各级领导和师生要高度重视安全生产工作；二是在教学、科研等各类工作中严格遵循管理流程和操作规程；三是加强安全生产宣贯和培训；四是加强安全生产巡察检查；五是加强安全生产专业研究；六是加强场地建设、落实安全保障；七是切不可疏忽大意，要紧绷安全之弦，做好细节工作。值此建党一百周年纪念之际，要进一步强化安全意识，坚守安全底线，为学校"双一流"建设奠定坚实基础。

24. 召开2022年度实验室工作会

为进一步提升学校资产与实验室建设管理水平，2022年3月4日下午，在2号楼133会议室组织召开了2022年度实验室工作会。副校长庞思平出席会议。各专业学院、相关单位分管领导及干事参加会

2022年度实验室工作会

议。会议由资产与实验室管理处处长史天贵主持。

会上,资产与实验室管理处副处长栗兴汇报了资产与实验室管理处2021年重点工作完成情况,刘云飞副处长汇报了资产与实验室管理处2022年重点工作计划,并对近期重要工作进行了布置。接下来,机械与车辆学院、材料学院、马克思主义学院就实验室建设与管理进行重点交流发言。

庞思平副校长做总结讲话,他强调,各单位在资产与实验室工作方面要保持战略定力,主动思考和解决问题。一是处理好长期目标与当前问题之间的矛盾,兼顾学院发展和学校整体布局,在大格局下、长线布局中解决问题,建设模块化、集约化、高水平实验室。二是积极面对资源慢变量和人才快变量之间的矛盾,注重已有资源和增量资源整合,建立共享、集约、柔性机制解决资源问题。三是把握好安全与发展之间的辩证关系,坚持"人民至上,生命至上",进一步激发全员内驱力,切实加强安全风险管控,把"三全管理"落到实处。

庞思平副校长讲话

25. 北京理工大学党委书记张军带队开展安全生产检查工作

为持续贯彻落实上级关于安全生产的工作要求,切实维护校园安全稳定的良好局面,2023年4月24日,校党委书记张军带队在良乡校区开展安全生产检查工作。

张军来到行政楼监控指挥中心,通过中心大屏幕实时检查校门管理、校内安保巡逻及重点场所监控情况,指出要通过信息化手段实现各部门协同联动,做到响应迅速、行动及时。

党委书记张军检查实验室安全

随后,张军来到化学实验中心,对实验室安全管理、危险设备、用电安全、消防安全和环境卫生等情况进行了细致检查,并同青年教师和专职实验员进行深入交流。

张军听取了安全生产相关部门工作汇报。他强调,安全生产事关校园安全稳定大局,是学校推动事业发展过程中不可或缺的重要保障,各单位要高度重视安全生产工作。一是树牢国家总体安全观,将习近平总书记关于国家安全的重要论述学深悟透,提高全体师生员工的安全意识。二是强化管理与技术融合,将严格管理、科学管理、创新管理有机结合,用好新技术手段加强横向联动,探索信息共享机制,以提高工作效率。三是强化底线思维和红线意识,做到"层层负责、人人有责、各负其责",切实筑牢安全生产基础,保障校园安全运行。四是进一步完善安全生产考核机制,进行科学、联动、一体化考核,通过激励机制形成闭环,形成北京理工大学特色安全生产生动实践。

党委常委、副校长汪本聪,党政办公室、保卫部、保密办公室、资产与实验室管理处、后勤基建处、化学与化工学院负责同志参加了调研检查。

26. 召开校园安全隐患大排查大整治工作暨2023年"安全生产月"工作动员部署会

2023年5月25日下午,学校召开校园安全隐患大排查大整治工作暨2023年"安全生产月"工作动员部署会,党委常委、副校长李振键,党委常委、副校长汪本聪出席会议,学校安全生产领导小组成员单位负责人、各学院分管安全工作院领导等参加会议。会议由汪本聪主持。

会上,保卫部部长刘景胜介绍了校园安全隐患大排查大整治工作安排;

资产与实验室管理处处长张东传达了上级文件精神,介绍了学校2023年"安全生产月"工作方案;集成电路与电子学院副院长刘骁,化学与化工学院副院长耿俊明分别就学院安全生产工作进行了交流发言。

李振键副校长讲话

李振键就进一步加强全校安全隐患大排查大整治工作和"安全生产月"工作提出五个方面要求:一要扛起维护安全稳定政治责任,把抓好安全稳定工作作为坚定拥护"两个确立"、坚决做到"两个维护"的现实检验;二要压实维护安全稳定主体责任,各单位的"一把手"要坚持"党政同责、一岗双责",坚持"管业务必须管安全",一级推动一级,层层压实全员岗位安全责任;三要贯彻以师生为中心理念,坚持师生立场,发挥师生主体作用,切实提高师生安全意识和应急处置能力;四要化解各类安全风险隐患,开展安全风险评估、危害辨识、科学治理;五要落实安全责任追究制度,安全事故处理结果与考核评价挂钩,与评奖评优挂钩,坚决守住安全的底线红线,持续巩固学校快速发展安全稳定的良好局面。

汪本聪就校园安全隐患大排查大整治工作和"安全生产月"工作强调三点:一是提高政治站位,把安全生产工作开展落实情况作为主题教育重要内容;二是加强组织领导,完善各单位组织体系,健全规章制度;三是夯实责任体系,落实六级联动,在制度层面和工作层面都做到全覆盖、无死角,营造良好的平安校园环境。

汪本聪副校长讲话

27. 学校主要领导亲自部署安全生产工作

2023年10月20日，张军书记部署安全生产工作

2023年10月20日，龙腾校长部署安全生产工作

三、验收评估检查会

1. 召开迎接教育部来校检查世界银行贷款"高等教育发展项目"专题工作会

　　1999年10月，学校物理教学实验中心、基础化学教学实验中心、电工电子教学实验中心和工程训练中心等四个基础教学实验中心列入了教育部世界银行贷款"高等教育发展项目"建设计划，获得了230万美元的经费支持。学校自筹配套经费1 000余万元人民币进行了重点建设。经过六年多的建设，四个基础教学实验中心的教学条件得到了极大的改善，取得了明显的建设成果。2005年3月28日，教育部将组织检查组来校实地检查项目进展情况。

　　为了做好迎接教育部检查组入校检查工作，2005年3月9日，学校组织召开了专题工作会。校领导李志祥、孙逢春，有关部门负责人和相关人员参加了会议。会上，实验室设备处李振键处长作了项目建设情况汇报，世界银行贷款"高等教育发展项目"专家组常务副组长俞信教授就如何做好迎接检查的准备工作提出了指导性意见。副校长孙逢春从项目竣工验收的角度要求各中心、各职能部门认真总结项目建设取得的成果和产生的项目效益，高水平做好迎接教育部检查的工作。常务副校长李志祥在讲话中指出：世界银行贷款"高等教育发展项目"基础教学实验中心的建设是学校本科教育、教学改革的一项重要内容，项目设计正确、重点突出、效果良好，在人才培养过程中发挥了明显作用，对学校其他实验室建设、发展和改革起到辐射带动作用；学校在项目实施过程中，把学科建设和人才培养结合起来，把理论教育和实践教育结合起来，促进了学校教育教学改革，实施效果良好；各部门和实验中心要认真抓住这次机会，以评促建、以评促改，将学校本科教育、教学基础条件水平推上一个新的高度。

2.学校顺利完成北京市重点实验室建设计划项目验收工作

2001年，学校自动控制系统、智能信息技术、清洁车辆、环境科学工程等四个实验室被认定为北京市重点实验室。为了全面检查北京市重点实验室的建设情况，受北京市教委、北京市科委的委托，学校精心组织了北京市重点实验室建设计划项目的验收工作。实验室设备处于2005年6月上旬组织召开了四个北京市重点实验室建设计划项目验收会。经过三年多的建设，学校四个北京市重点实验室的学术水平、研究水平和管理水平得到了迅速提高，相关工作得到了验收专家的充分认可，按预期目标，高质量、一次性通过了验收。

环境科学工程实验室验收会现场

自动控制系统实验室验收会现场

智能信息技术实验室验收会现场

清洁车辆实验室验收会现场

验收专家组现场考察实验室

3. 电工电子教学实验中心被北京市认定为市级实验教学示范中心,并被北京市推荐参加国家级实验教学示范中心的评审

根据《教育部关于开展高等学校实验教学示范中心建设和评审工作的通知》(教高〔2005〕8号)和北京市教委下发的《关于开展高等学校实验教学示范中心建设和评审工作的通知》(京教高〔2005〕17号),2005—2007年,教育部在全国分批建立100个左右国家级实验教学示范中心。2005年,在全国本科高等学校范围内开展物理、化学、生物、电子等4个类别国家级实验教学示范中心的申报评审工作,计划评审建立20个左右的国家级实验教学示范中心。北京市教委从2005年至2007年分批建立60个左右市级实验教学示范中心,其中2005年建立批准数不超过15个,并从中择优推荐5个参加教育部国家级实验教学示范中心的评审。

接到教育部和北京市教委通知文件后,学校领导高度重视,于收文后第二天(2005年6月17日)组织召开了北京市实验教学示范中心建设与申报专题工作会。在学习和领会北京市教委文件精神的基础上,对比分析了学校近年来通过"211工程""985工程"及世界银行贷款"高等教育发展项目"建设的一批校级教学实验中心建设与发展的实际情况,经过充分讨论,初步确定学校电工电子教学实验中心申报北京市级实验教学示范中心,并立即按照北京市教委的文件要求着手申报准备工作。

为了加强领导,切实做好学校北京市级实验教学示范中心的建设和申报工作,学校成立了由孙逢春副校长任组长,学校相关学院、部门负责人和教学实验中心主任为成员的工作领导小组。为确保申报成功,学校主管领导,实验室设备处、教务处、信息科学技术学院以及电工电子教学实验中心的负责同志和全体教师投入了大量精力，倾注了很多心血。学校主管领导多次召开会议督促检查工作落实情况。实验室设备处联合教务处，先后三次组织校内10余位多年从事实验教学与管理的专家组成校内评审专家组，对学校电工电子教学实验中心的申报材料进行了评审，按照"以评促建"的原则，对电工电子教学实验中心的环境条件进行了改造，对部分仪器设备进行了更新。电工电子教学实验中心负责同志带领全体教师认真做好评审材料准备工作，牺牲了大量休息时间。

2005年10月18日，北京市教委组织评审专家组对学校电工电子教学实验中心进行了现场考察和评审工作。北京市教委评审专家组一致认为学校电工电子教学实验中心教育理念清晰、实验教学体系完整、仪器设备先进、实验教学队伍稳定，达到了评审标准。学校电工电子教学实验中心被认定为北京市级实验教学示范中心的同时，成为被北京市推荐参加国家级实验教学示范中心评审的五个中心之一。

评估会议现场

赵显利副校长陪同北京市教委领导及专家视察

中心主任罗伟雄教授向北京市教委领导及专家介绍实验室情况

北京市教委领导及专家正在实地评估

4. 教育部2005年国家级实验教学示范中心评审现场考察专家会在北京理工大学召开

2005年国家级实验教学示范中心评审会

2005年12月22日，教育部2005年国家级实验教学示范中心评审现场考察专家会在北京理工大学国际教育交流大厦三层第五会议室举行，教育部高等教育司杨志坚副司长、实验室处孙丽为处长和二十位评审专家参加了此次会议。

北京理工大学孙逢春副校长代表学校到会发表了热情洋溢的讲话，对各位领导和专家的到来表示了热烈欢迎。

教育部高等教育司杨志坚副司长介绍了国家级实验教学示范中心的建设和评审总体情况，强调了实验教学示范中心应以培养学生实践能力、创新能力和提高教学质量为宗旨，以实验教学改革为核心，以实验资源开放共享为基础，以高素质实验教学队伍和完备的实验条件为保障，创新管理机制，全面提高实验教学水平和实验室使用效益。最后对现场考察的专家提出了具体要求。

孙逢春副校长讲话

教育部高等教育司副司长杨志坚讲话

5. 学校计算机实验教学中心、管理与经济实验教学中心被认定为北京市级实验教学示范中心

计算机实验教学示范中心评审会　　　管理与经济实验教学示范中心评审会

根据北京市教委关于开展北京市高等学校实验教学示范中心建设和评审工作的安排，2007年7月6日，北京市教委组织评审专家组对学校计算机实验教学中心、管理与经济实验教学中心进行现场考察评审。

评审会参会人员合影

学校领导高度重视，赵平副书记、孙逢春副校长分别代表学校参加了计算机实验教学中心、管理与经济实验教学中心的现场考察评审。校长助理、教务处处长庞思勤，教务处副处长闫达远，实验室设备处处长李振键、副处长刘云飞和计算机科学技术学院领导、管理与经济学院领导，两中心主任分别组成汇报答辩组，向评审专家组汇报了两个实验教学中心的建设理念、目标、指导思想以及发展现状，介绍了中心所取得的各项成绩，并对专家组提出的问题给予了详细的解答。

评审专家组对学校两个实验教学中心进行了现场考察，查阅了申报支撑材料，考察了实验室环境、仪器设备和开设的实验课程，并与有关的教师进

行了交谈。

为切实做好北京市级实验教学示范中心的建设和申报工作，学校成立了由赵平副书记、孙逢春副校长任组长，学校相关学院、部门负责人和教学实验中心主任为成员的工作领导小组。为确保申报成功，学校主管领导，实验室设备处、教务处、计算机科学技术学院、管理与经济学院以及两个实验教学中心的负责同志和全体教师投入了大量精力，倾注了很多心血。学校主管领导多次召开会议督促检查工作落实情况。实验室设备处联合教务处，先后三次组织校内十余位多年从事实验教学与管理的专家组成校内评审专家组，对两个实验教学中心的申报材料进行了评审，提出了多项建设性意见和建议，同时按照"以评促建"的原则，对两个实验教学中心的环境条件进行了改造，对部分仪器设备进行了更新。

2007年7月10日，北京市实验教学示范中心建设和评审工作领导小组及评审专家组一致认为，北京理工大学两个实验教学中心教育理念清晰、实验教学体系完整、仪器设备先进、实验教学队伍稳定，达到了评审标准。经北京市教委批准，学校计算机实验教学中心、管理与经济实验教学中心被认定为北京市级实验教学示范中心。

至此，学校已成功申报北京市级实验教学示范中心6个、国家级实验教学示范中心2个。

6. 评估专家裘松良教授和曾志新教授莅临实验室设备处考察指导工作

2007年11月15日下午15：30，教育部本科教学工作水平评估专家组成员、浙江理工大学校长裘松良教授和华南理工大学教务处处长曾志新教授在联络员史天贵副处长、陈鹏万副处长的陪同下，莅临实验室设备处考察指导工作，实验室设备处处长李振键、副处长刘云飞及有关同志参加了会议。实验室设备处处长李振键就本科教学工作水平评估的有关情况向评估专家裘松良教授、曾志新教授作了汇报，两位评估专家就学校的实验室建设、实验室开放及实验技术队伍等方面进行了询问，并与参会人员座谈交流。

专家考察实验室设备处

专家与参会人员座谈交流

7. 评估专家傅丰林教授莅临实验室设备处考察指导工作

2007年11月16日上午8时,教育部本科教学工作水平评估专家组成员、国家教学名师、西安电子科技大学原副校长傅丰林教授在联络员郭宏副处长的陪同下,莅临实验室设备处考察指导工作,实验室设备处处长李振键、副处长刘云飞及有关同志参加了会议。实验室设备处处长李振键就本科教学工作水平评估的有关情况向评估专家傅丰林教授作了汇报,傅丰林教授就学校的实验室建设经费、实验教学示范中心建设及跨校区实验室运行管理等方面进行了询问,并与参会人员座谈交流。

李振键处长向专家汇报评估工作

专家与参会人员座谈交流

8. 工程训练国家级实验教学示范中心验收会

2012年11月23日,国家级实验教学中心验收专家组来北京理工大学工程训练中心进行验收检查,验收汇报会在学校国际交流中心二层第一会议室召开。专家组由来自北京5所高校的专家教授组成。北京理工大学副校长赵显利、学校办公室副主任刘存福、发展规划处副处长常非、教务处副处长林海、人事处副处长侯爱军、国有资产管理处副处长张玮,实验室与设备管理处处长史天贵、副主任彭绍春,机械与车辆学院院长项昌乐、书记阎艳、副院长胡纪滨、副院长左建华、副院长姜澜出席了会议。

赵显利副校长致辞欢迎各位专家来到学校对学校工程训练中心的建设情况进行验收评估。他简要介绍了学校近年来在教学科研、人才培养等方面的发展与建设情况,同时希望各位专家对中心下一步的发展提出更多的宝贵意见。

验收专家组组长汪成楚在会上发表讲话,指出此次验收是为了总结成果,交流经验,推动工程训练中心实验教学的改革与发展,进一步提高实验教学质量。

工程训练中心主任丁洪生向专家们作了验收汇报。专家们在听取汇报、提问答辩、实地走访考察、查看验收材料后,认为学校工程训练中心在学科交叉融合、实验教学改革、师资队伍建设、学生创新能力培养等多方面表现出色,建设效果显著,示范辐射作用较强。

验收专家组组长汪成楚讲话

工程训练中心主任丁洪生汇报

9. 电工电子国家级实验教学示范中心验收会

电工电子国家级实验教学示范中心验收会

赵显利副校长讲话

2012年11月27日，学校电工电子教学实验中心迎来了"十一五"国家级实验教学示范中心验收专家组一行，验收汇报会在软件楼二层208会议室召开。专家组由来自北京5所高校的专家教授组成。学校副校长赵显利、学校办公室主任郝志强、发展规划处副处长常非、教务处副处长林海、人事处副处长侯爱军，国有资产管理处副处长张玮，实验室与设备管理处处长史天贵、副主任彭绍春，信息与电子学院院长龙腾、书记安建平、副院长徐晓文、副院长党华、副院长薛正辉，电工电子教学实验中心教授罗伟雄出席了会议。赵显利副校长首先致辞欢迎各位专家来到学校对学校电工电子教学实验中心的建设情况进行检查评估，并希望各位专家能够对中心下一步的建设与发展提出更多的宝贵建议。

验收专家组现场考察、听取汇报

验收专家组组长刘云在会上发表讲话，指出此次国家级实验教学示范中心验收是为了推动电工电子教学实验中心实验教学的进一步深化与发展，交流"十一五"期间建设心得，总结建设成果，进一步提高中心在"十二五"期间的实验教学质量。

电工电子教学实验中心主任韩力向专家们作了验收汇报。专家们在听取汇报、提问答辩、实地走访考察、查看验收材料后，认为学校电工电子教学实验中心在创新型人才培养、师资队伍建设、实验教学改革等多方面建设效果显著，取得了较好的示范效应。

10. 工信部安全生产司对北京理工大学安全隐患排查治理工作进行督查

工信部安全生产司对北京理工大学安全隐患排查治理工作进行督查

2013年10月14日，由工信部安全生产司李维嘉副巡视员带队，兵器工业安全技术研究所李春光副所长、西北工业大学国有资产管理处张双才副处长、南京理工大学国有资产与实验室管理处王虹铈副处长、南京航空航天大学国有资产管理处李勇副处长、工信部安全生产司安全指导处任立功副处长、工信部人事教育司教育处许学琳副调研员和赛迪工业安全研究所于萍研究员组成的安全隐患排查治理督查组来学校进行了督导检查。

赵显利副校长在2号楼211会议室代表学校热情迎接了工信部督查组各位专家，并组织学校相关职能部门向督查组汇报了学校安全隐患排查治理工作。参与汇报的单位有学校办公室、实验室与设备管理处、宣传部、保卫处、科学技术研究院、国有资产管理处、基建处、后勤集团和科技园开发公司。督查组首先听取了实验室与设备管理处史天贵处长关于学校安全生产管理及安全隐患排查治理工作的汇报，并仔细查阅了学校相关部门的档案资料，对学校安全生产管理及安全隐患排查治理情况进行了整体了解。

11. 物理教学实验中心、基础力学教学实验中心、计算机实验教学中心和管理与经济实验教学中心验收会

2013年11月28—29日，根据北京市教委要求，学校组织进行了对2005—2007年立项建设的物理教学实验中心、基础力学教学实验中心、计算机实验教学中心和管理与经济实验教学中心的验收工作。

验收专家组现场考察

为了做好此次验收工作，切实达到"以验促建"的工作目标，学校在前期准备工作中，明确提出了"高度重视、求真务实"的工作要求。

此次验收邀请了来自清华大学、北京交通大学、北京邮电大学、中国地质大学和北京工业大学的多位专家和部分校内专家共同组成验收专家组。在1天半的验收工作中，专家组通过听取汇报、查阅资料、提问质疑和现场考察等环节，详细了解了各实验中心的建设情况。专家组认为，学校接受验收的4个实验中心有效促进了实验教学质量的提高，示范辐射作用突出，满足示范中心的验收条件，专家组一致建议通过验收。

在此次验收过程中，专家组与各中心就目前存在的问题和亟待开展的工作进行了深入交流，各中心均表示，要借此契机深化中心的建设发展，进一步推动中心各项工作的提升。

至此，北京理工大学在"十一五"期间获批建设的11个省级以上实验教学示范中心已有6个中心顺利完成验收工作。

12. 召开实验室建设项目验收会

2011—2013年度实验室建设项目验收汇报会

2014年1月15日上午，北京理工大学2011—2013年度实验室建设项目验收汇报会于机械与车辆学院学术报告厅召开，校内验收专家组、各承建项目单位的学院主管领导、项目负责人及实验室与设备管理处相关人员50余人出席了验收汇报会，汇报会由实验室与设备管理处彭绍春副主任主持。

近年来，学校非常重视基础教学实验中心和专业实验室的建设，利用中央财政修购专项建设资金结合学科建设和专业认证集中建设各类实验室20余个。为确保实验室建设项目质量，提升实验室建设水平，实验室与设备管理处遵循"以验促建，重在建设"的工作原则召开了此次验收汇报会。地面机动装备实验教学中心、自动化教学实验中心、光电教学实验中心等17个项目承建实验室的负责人从项目建设目标、项目完成情况、项目投资效益、项目建设主要经验和下一步规划等五个方面做了全面汇报。

校内验收专家发言

校内验收专家发言（续）

到会专家充分肯定了各建设项目所取得的成绩，同时针对建设项目中存在的一些问题给出了中肯的意见，并就学校实验室建设下一步亟待开展的工作提出了宝贵建议。专家认为，学校在实验室建设工作中要注重顶层设计，条件建设要与实验教学的改革、资源的整合利用和实践创新活动开展等工作紧密结合，达到切实提升学校人才培养能力的目标。

13. 北京理工大学牵头的工信部安全生产司"高校实验室安全检查规范研究"课题顺利通过验收

工信部部署高校安全评估会　　　　　　资产与实验室管理处处长史天贵发言

2014年6月21日，工信部安全生产司在北京组织专家组对北京理工大学牵头的"高校实验室安全检查规范研究"课题进行验收。北京理工大学副书记、副校长李和章，工信部安全生产司李维嘉副巡视员、安全指导处蒋红兵处长出席了会议。课题验收专家组由兵器工业安全技术研究所李春光副所长、赛迪研究院工业安全生产研究所高宏所长及北京航空航天大学等六所工信部直属高校分管安全生产工作的职能部处负责人组成。

会上，课题组组长、北京理工大学实验室与设备管理处史天贵处长首先向大家汇报了课题研究总体情况。他介绍，"高校实验室安全检查规范研究"课题是北京理工大学于2012年7月受工信部安全生产司正式委托开展的研究课题。北京理工大学联合清华大学、北京化工大学，针对高校实验室学科门类多、涉及的危险因素复杂、缺少全面系统的实验室安全检查规范的状况，经过两年多的潜心研究，编制形成了《高校实验室技术安全检查标准手册》。

课题验收专家组组长李春光副所长以及专家组成员审阅了课题相关资料，并依次发表了评审意见。专家们一致同意该课题通过验收，并指出该课题的研究填补了工科高校实验室定量化安全检查标准的空白，并建议课题组今后进一步开展深入研究，完善高校安全风险评估方法。

接着，副书记、副校长李和章受邀对课题发表了意见和建议。李校长对课题研究成果给予了肯定，建议课题组进一步拓宽课题实践研究的广度和深度，不断改进和完善《高校实验室技术安全检查标准手册》。

督查组进行了现场检查，并于下午在2号楼211会议室反馈了此次安全督查的意见和建议。最后，李维嘉副巡视员传达了上级领导们对安全生产工作的指示，并嘱咐学校将视线内的安全生产工作做好，同时要深挖视线外的安全生产工作，并希望学校将明年的安全生产工作计划好，在安全生产认识和安排上更上一个层次。

14. 工业和信息化部罗文副部长一行到北京理工大学开展安全生产督查工作

2017年10月19日，工业和信息化罗文副部长一行12人到北京理工大学开展了安全生产督查工作，重点督查国务院《关于进一步推动安全生产领域指导意见》落实情况和开展安全生产大检查工作完成情况，督查组听取了学校的安全生产工作情况汇报，对北京理工大学安全生产的管理资料、学生宿舍、食堂等人员密集场所及部分实验室进行了现场检查，并就检查中发现的问题进行了意见反馈。

工信部副部长罗文讲话

校长胡海岩讲话

罗文副部长在总结会上讲话，充分肯定了北京理工大学的安全生产工作及校领导对安全生产工作的重视，并对学校安全生产工作提出期望。最后，胡海岩校长对近些年工信部安全生产司和人教司对北京理工大学安全生产工作的指导、帮助和大力支持表示感谢，还就学校安全生产工作面临的形势、任务，开展全校实验室环境卫生和十九大前的安全工作部署及落实情况作了补充汇报。

工业和信息化部随行人员有工业和信息化安全生产司金鑫司长、人教司高东升副司长、办公厅贺石昊副处长、安全生产司安全产业处崔岗处长、人事教育司教育处郝立顺调研员、安全生产司安全产业处鲍常科调研员等以及兵器工业安全技术研究所李春光副所长、刘英高工、卫水爱高工等。

北京理工大学与会人员有胡海岩校长、李和章副校长、汪本聪校长助理、龙腾校长助理、发展规划处李镇、保卫处刘景胜、科研院杨帆、国有资产管理处宋希博、后勤集团代方震、实验室与设备管理处史天贵、西山实验管理中心左建华、宣传部王征、良乡校区管理处霍俊斌等。

工信部领导现场考察实验室

工信部领导现场考察实验室(续)

15. 工信部安全司对北京理工大学化学学院开展第三方安全评估

根据工信部安全司的通知,为指导委属高校二级单位做好安全生产管理,进一步保障教学、科研过程安全,安全司委托兵器工业安全技术研究所于2015年12月17日上午对学校化学学院开展了安全检查评估工作。工信部安全生产司金鑫副司长、安全指导处蒋红兵处长、综合处姚佳副处长出席评估会议,兵器工业安全技术研究所李春光副所长一行五人开展了评估工作,学校郝志强校长助理,实验室与设备管理处史天贵处长、彭绍春主任,良乡校区管理处霍俊斌副处长、化学学院赵文祥书记、张小玲副院长、栗兴副院长、高天泽老师等参加了评估工作。

首先,张小玲代表化学学院全面汇报了学院概况、安全管理体系建设、实验室分布及管理,以及已经和正在开展的安全生产工作。然后,评估组分别对学院的安全生产资料档案和实验室现场进行了检查。最后,评估组结合检查情况对发现的问题作了反馈。

工信部领导现场检查实验室

工信部领导现场检查实验室（续）

金鑫副司长指出做好安全工作的重要意义，并强调，对高校存在安全风险的实验培训工作要注意理论和实践结合，对发现问题的整改工作要形成闭环。

郝志强代表学校对评估组和工信部领导提出指导意见和建议表示感谢，并提出学校将针对专家反馈的意见和建议，进一步加强安全生产宣传教育，加大培训力度，细化管理职责，落实落细责任，增强全员安全意识，形成安全生产文化。

16. 北京市安监局一行人员来学校进行危险化学品风险评估

为掌握了解北京市高校危险化学品的购置、使用、存储、销毁的管理状况，以及为制定相关办法和标准提供参考，2016年10月18日，北京市安监局和北京市安全工程技术研究院领导、专家一行五人对北京理工大学进行了危险化学品风险评估，龙腾校长助理出席评估会议，学校办、实验室与设备管理处、保卫处、国有资产管理处、后勤集团、宣传部、良乡校区管理处、化学与化工学院的主管领导参加了评估工作。评估过程由实验室与设备管理处副处长马涛主持。

　　危险化学品风险评估会　　　　　　　　校长助理龙腾讲话

马涛副处长首先就学校的基本情况、安全生产总体情况、危险化学品管理专项工作以及学校暑期开展的危险化学品风险评估自查工作进行了汇报。评估组查阅了成果材料,并实地走访了化学与化工学院相关科研实验室、基础化学实验中心和良乡废试剂中转室。最后评估组做了意见反馈,对学校领导及各部门对危险化学品安全管理工作的高度重视、隐患排查的闭环管理、制定的安全生产条例与文件以及编印《事故案例小手册》、实施安全生产检查通报机制等项工作予以肯定,认为学校的安全生产工作扎实到位,同时也对加强危险化学品的管理提出了改进意见。

龙腾校长助理做最后发言,对评估组到学校开展危险化学品管理评估工作表示欢迎和感谢,学校会再接再厉,巩固成绩,弥补不足,通过不断完善管理,更好地为师生开展服务。

17. 北京市教委王定东巡视员一行对北京理工大学实验室安全工作进行检查

根据北京市"四个中心"发展定位,为履行市委市政府属地管理和服务中央的使命,2018年5月14日下午,北京市教委王定东巡视员一行对北京理工大学实验室安全工作进行了检查。龙腾副校长、杨亚政校长助理参加了检查工作。

安全检查工作会

北京市教委巡视员王定东讲话

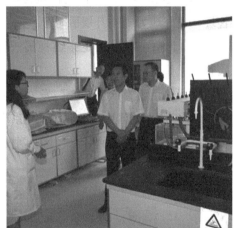

北京市教委领导现场检查安全工作

　　督查组听取了学校实验室安全工作汇报，对良乡校区的废试剂中转室、危化品试剂库规划用地、工业生态楼实验室、分析测试中心和先进结构研究院实验室进行了现场安全检查，并就检查中发现的问题进行了意见反馈。

　　王定东发表了四点看法：一是北京理工大学在安全生产工作中，起点高、建设高、落点实，在院校和全市安全生产领域具有示范和引领作用；二是安全生产惩处规范、到位，日常检查形成制度化、常态化、规范化，开展的专项检查、安全月等活动特色鲜明；三是实验室危化品管理工作任重道远，还需持续努力，特别是安全规范标准还要普及到实验室的一线师生；四是大学的人才培养除了传授知识，更重要的是教会学生学习做人，因此养成学生良好的实验安全习惯十分必要。

龙腾指出，领导和专家肯定的地方我们一定继续发扬光大，领导和专家指出的问题我们一定尽快整改，安全工作没有最好只有更好，我们一定把安全工作做得更好。

北京市教委实验室安全检查组成员有北京市安监局三处闵军调研员，北京市安全生产工程技术研究院高建村常务副院长，北京市教委学校后勤处武怀海处长、高教处买星副处长、科研处高飞、学校后勤处房俊焱。

北京理工大学学校办公室、保卫处、实验室与设备管理处、良乡校区管理处、学生工作处、科学技术研究院、分析测试中心、化学与化工学院、先进结构技术研究院相关负责人参加了检查工作。

龙腾副校长讲话

18. 科技部基础司一行来北京理工大学督查仪器设备开放共享情况

2018年10月12日上午，科技部基础司李华副处长一行莅临北京理工大学，对学校大型仪器设备开放共享运行情况进行了现场督查。龙腾副校长出席会议，资产与实验室管理处、分析测试中心、机电学院、机械与车辆学院、材料学院、物理学院、化学与化工学院等相关单位的领导和老师参加了此次会议。会议由科技部基础条件平台中心徐振国主持。

大型仪器设备开放共享运行情况督查会

李华副处长首先介绍了此次核查的背景和要求：根据《工业和信息化部科技司关于做好重大科研基础设施和大型科研仪器开放共享评价考核工作的通知》（工科函〔2018〕595号）工作要求，根据各单位考核自评材料进行现场核查。

龙腾副校长代表学校对李华副处长一行表示欢迎，并希望借此次督查机会进一步加强学校大型仪器设备开放共享运行管理，研究并落实好国家有关政策，推动大型仪器设备开放共享，理顺校、院、组三级管理机制，加快建设校级、院级仪器设备集约平台，并加强实验队伍建设，完善晋升激励机制，更好地服务国家科研需求。

刘博联副处长汇报了学校仪器设施及设备开放共享运行情况。核查组听取了汇报，与多位实验技术人员、实验室管理人员以及科研人员进行了访谈交流，并实地核查机械与车辆学院、材料学院设备使用情况。最后，核查组对学校在集约化平台建设、信息化系统建设方面的工作给予了肯定，并根据核查情况对学校大型仪器设备开放共享工作提出改进建议。

19. 工业和信息化部副部长王志军一行到北京理工大学开展安全生产督导调研

工业和信息化部开展生产督导调研

工业和信息化部开展生产督导调研（续）

为认真贯彻落实近期国务院安委会安全生产工作相关会议精神，切实做好全国"两会"期间安全生产工作，2019年3月6日下午，工业和信息化部副部长王志军到北京理工大学开展安全生产督导调研，工业和信息化部人教司副司长程基伟、安全司副巡视员于立志等陪同调研。校长张军、副校长李和章参加了督导调研活动。

督导组听取了学校安全生产工作情况汇报，分组开展了资料审查、座谈交流和现场检查，并就督导调研中发现的问题进行了反馈。

王志军从安全生产管理基础、课题研究、制度建设等方面肯定了学校安全生产工作，并对学校安全生产工作提出四点要求：一是提高认识，认真学习领会习近平总书记和李克强总理关于安全生产工作的重要指示批示精神，认真做好各项措施的落实；二是周密部署，全面落实安全生产责任；三是结合学校实际，切实做好安全生产管理；四是完善预案，认真做好应急准备工作。他强调，安全生产责任重大，一定要尽心尽力抓好、抓细、抓实，有效防范和遏制各类安全生产事故，为全国"两会"等重大活动营造安全和谐的社会环境。

张军感谢王志军副部长一行到学校指导工作。他表示，学校将从以下四个方面进一步做好

校长张军讲话

安全生产工作：一是"深"，深入学习，思想高度重视；二是"规"，立规立据，切实做好保障；三是"落"，落实落细领导责任，健全安全生产责任制；四是"督"，加强监督检查，以查促建。对于督导组提出的问题，他要求相关部门尽快研究制定整改方案，及时将问题整改进度向工信部汇报，切实防范和遏制安全生产事故。

工信部督导组成员有：人教司副司长程基伟、安全司副巡视员于立志、人教司教育处处长于鹰宇、安全司安全产业处处长崔岗、安全司安全产业处副处长李维、安全司安全产业处调研员鲍常科、办公厅部长秘书刘宁、安全司安全产业处干部武巧达，部特邀专家北京航空航天大学侯毅，中国兵器工业火炸药工程与安全技术研究院陶少萍、李聪。

北京理工大学党政办公室、保卫部、资产与实验室管理处、宇航学院、信息与电子学院、材料学院、化学与化工学院相关负责同志参加督导调研活动。

20. 北京理工大学召开2019年度安全生产工作考核暨先进单位评审会

2019年12月30日下午，学校在主楼133会议室召开2019年度安全生产工作考核暨先进单位评审会。教育部、市公安局、海淀应急管理局、兄弟高校、学校党政办公室有关领导受邀作为评审专家出席会议。各学院及相关部门领导、安全生产管理员、实验室负责人等参加会议。会议由资产与实验室管理处副处长郭宏伟主持。

2019年度安全生产工作考核暨先进单位评审会

申请先进的单位及安全生产重点单位依次对2019年度安全生产工作进行了汇报。在专家评审结束后，会议邀请与会人员参与了大众评审。安全生产先进单位的最终成绩将由专家评审意见、大众评审意见和日常工作表现三部分组成。

资产与实验室管理处处长史天贵做总结发言。他代表学校感谢校内外专家对学校安全生产工作的大力支持。他表示，安全生产工作考核暨先进单位评审会已召开六届，它既是工作汇报会和评审会，又是学习交流会，希望各单位进一步落实安全生产职责，坚持问题导向，不断提升安全生产管理水平，为学校建设发展奠定坚实基础。

21. 龙腾副校长带队检查实验室安全工作

为贯彻落实学校《关于开展2020年底安全生产督查工作的通知》要求，切实抓好安全生产工作，2020年12月16日下午，副校长龙腾带队在中关村校区检查实验室安全工作。安全指导专家黄平和资产与实验室管理处、材料学院、生命学院、机械与车辆学院领导等陪同检查。

龙腾一行对中关村校区5号教学楼、车辆实验楼等实验室进行了安全检查，现场听取了相关学院及实验室人员的安全管理情况介绍，重点对实验室用电、危化品等方面开展隐患排查。

龙腾指出，安全生产工作是重中之重，要始终牢固树立安全发展理念，弘扬生命至上、安全第一的思想，把安全生产作为不可逾越的红线，坚决克

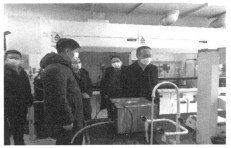

龙腾副校长带队检查实验室安全工作

服麻痹思想和侥幸心理。针对此次督查过程中发现的安全隐患，各相关单位要及时落实整改要求，并举一反三，预防类似安全隐患再次出现。同时要求各单位进一步落实主体责任，强化安全管理，为学校建设发展奠定坚实基础。

22. 资产与实验室管理处进行地下空间、集体宿舍安全检查

为贯彻落实工信部《关于加强地下空间、集体宿舍规范管理工作的通知》要求，消除安全隐患，2021年3月23日下午和4月1日上午，学校分别组织开展中关村校区和良乡校区地下空间集体宿舍安全检查工作，中关村校区由资产与实验室管理处牵头，良乡校区由良乡校区管理处牵头，保卫部、资产经营公司、居民管理委员会等部门参与检查。

检查组对中关村校区33号住宅楼、24号住宅楼、27号住宅楼、12号宿舍楼、研究生公寓1号楼、研究生公寓3号楼、新食堂，良乡校区静园D栋、梳桐园E栋、良乡1号学生食堂、良乡4号学生食堂等地下空间集体宿舍进行了安全检查，重点对地下空间集体宿舍安全用电、防火、防潮、通风等方面开展隐患排查。

针对此次检查过程中发现的安全隐患，检查组要求各相关单位严格落实上级部门和学校规定，进一步落实主体责任，积极整改，确保地下空间集体宿舍使用安全，管理高效。

23. 2021年实验室研究项目结题验收评审会召开

2021年4月19日，资产与实验室管理处组织了部分实验室研究项目的结题验收，共计38个项目通过了此次验收。此次结题验收首次采用公开答辩的形式，旨在提供一个沟通交流的平台，营造良好的实验室研究环境，让实验室教师相互启发、携手进步。

评审专家通过听取结题汇报以及提问答辩的方式，根据立项的研究内容和预期成果，针对项目内容的完成情况进行综合评价。项目所取得的成绩得到专家的认可。

资产与实验室管理处处长史天贵做了总结发言，他指出召开此次汇报会的意义在于通过项目结题验收深入梳理项目建设情况，加强各学院实验室建设经验的交流，强化实验室建设项目质量意识，从而促进建设项目效益发挥。史天贵处长强调，要进一步统筹规划、加强顶层设计、注重资源整合，切实提升实验室建设工作水平，提升实验室在实验教学、队伍建设、信息化建设和创新人才培养等方面的重要作用。会后，参会人员到重点建设的实验中心进行了参观交流。

资产与实验室管理处处长史天贵发言

参会人员参观实验中心

24. 北京理工大学常务副校长龙腾带队开展安全生产督察

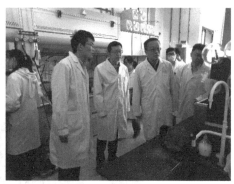

常务副校长龙腾带队督察安全工作

为迎接建党100周年，根据学校《关于开展安全生产督查工作的通知》和《实验室常态化安全检查工作计划》，2021年4月26日，常务副校长龙腾带队对化学与化工学院开展安全生产督查工作。安全指导专家中国农业大学实验室管理处处长马国玉、北京工业大学国有资产与实验室管理处处长赵明和北京理工大学资产与实验室管理处、化学与化工学院领导等参加督查工作。

督查组对化学与化工学院部分实验室进行了现场安全检查，听取了学院安全工作汇报，查阅了安全管理档案资料。督查组对学院安全管理工作总体表示肯定和认可，同时根据国家、上级和地方有关要求，对学院安全管理工作提出了改进建议。

常务副校长龙腾讲话

龙腾指出，做好安全工作要做到以下四点：一是要全面策划、体系推进；二是要真抓实干、不留死角；三是要动真碰硬、敢动真格；四是要未雨绸缪、攻坚克难。学院要在安全工作取得初步成效的基础上，进一步落实安全生产主体责任，坚守安全底线，为学校"双一流"建设保驾护航。

25. 北京理工大学常务副校长龙腾带队开展国庆前实验室安全检查

常务副校长龙腾带队检查实验室安全

为保障国庆前后学校安全形势整体稳定，2021年9月29日，常务副校长龙腾带队开展实验室安全检查工作。安全指导专家北京师范大学实验室安全与设备管理处处长李崧和北京理工大学资产与实验室管理处、保卫部、相关学院领导等参加安全检查工作。

检查组听取了相关学院近期安全工作汇报，并以危险化学品、危险仪器设备、实验室用电等为重点，对实验室进行了现场安全检查。检查结束后，安全指导专家对存在的问题进行了反馈。

龙腾做总结讲话，他指出，做好安全工作要抓住"四个词、八个字"：一是"认识"，要提高思想站位、紧绷安全之弦；二是"专业"，要提升安全管理专业水平；三是"规范"，要制定系列安全管理制度；四是"执行"，要严格落实各项制度和规范。各学院要在安全工作取得初步成效的基础上，进一步强化安全管理，长期坚持、不断改进，逐步把安全工作从"开集"向"闭集"转变，为学校"双一流"建设奠定坚实基础。

26. 工业和信息化部督导组到北京理工大学开展安全生产检查

为认真贯彻落实近期工业和信息化部安全生产工作相关要求，切实保障校园安全运行，2021年10月29日下午，工业和信息化部人事教育司副司长李冠宇一行到北京理工大学开展安全生产检查，清华大学实验室管理处副教授郭玉凤、中国兵器工业火炸药工程与安全技术研究院高级工程师尹君平作为专家组成员参与此次检查工作。北京理工大学副校长庞思平，党政办公室、纪委办公室、保卫部、保密办公室、资产与实验室管理处、后勤基建处、网络信息技术中心、校医院、资产经营有限公司、宇航学院、材料学院、生命学院等单位相关负责人陪同检查。

安全生产督导会　　　　　　工信部人事教育司副司长李冠宇讲话

督导组分组对实验室、中转室、网络机房、食堂、锅炉房、工勤公寓等安全生产重点场所开展了现场检查，并听取了庞思平副校长代表学校做的安全生产工作情况汇报。

督查组现场安全检查

李冠宇在总结会议上讲话。他传达了工业和信息化部有关安全生产工作的重要指示精神，对北京理工大学安全生产工作给予了肯定，并提出以下几点要求：一是要提高政治站位，压实安全责任；二是要树立底线思维，认真开展隐患排查治理；三是要强化系统观念，加强宣传教育，切实维护师生生命安全。

庞思平代表学校感谢李冠宇副司长一行到学校指导工作。他表示，学校领导高度重视安全生产工作，将进一步压实责任、加强教育、守住底线、落实整改、常抓不懈，切实防范安全生产事故。对于督导组提出的问题，相关部门尽快研究制定整改方案，并举一反三，保障师生生命安全和校园安全运行。

庞思平副校长讲话

27. 召开国有资产专项检查工作会

为贯彻落实巡视整改要求和学校工作部署，提升学校资产管理工作水平。2021年11月9日下午，学校组织召开国有资产专项检查工作会。庞思平副校长出席会议，党政办公室、纪委办公室、计划财务部、科学技术研究院、资产与实验室管理处、后勤基建处、图书馆、档案馆、技术转移中心、资产经营有限公司负责人参加会议。

国有资产专项检查工作会

会上，资产与实验室管理处负责人介绍了国有资产专项检查方案及相关工作安排。纪委办负责人结合学校巡视整改工作强调了纪律要求，希望各单位在规定时间内高质量完成自查自纠。

最后，庞思平副校长讲话，一是强调国有资产专项检查工作的重要性和严肃性，各单位务必高度重视。二是希望各单位化被动为主动，以此次检查为契机，梳理现状，摸清底数，发现问题，自纠自改；以建立核算型信息化资产体系为目标，形成长效机制，提升资产管理水平。三是希望各资产归口管理部门之间借此机会进一步交流学习，确保高质量完成自查和抽查两个阶段的工作任务。

庞思平副校长讲话

28. 工业和信息化部督导组到北京理工大学开展安全生产督导

为认真贯彻落实《工业和信息化部办公厅关于加强部属高校实验室安全管理工作的通知》，切实保障校园安全运行，2021年12月2—3日，工业和信息化部安全生产司副司长罗志坚一行到北京理工大学开展安全生产督导，清

安全生产督导会

工业化和信息化部安全生产司副司长罗志坚讲话

督导组现场安全检查

华大学、北京化工大学、中国矿业大学（北京）的专家参与此次督导工作。北京理工大学副校长庞思平、相关部门和学院负责人等陪同检查。

12月2日上午，学校工作汇报会在2号办公楼133会议室召开。罗志坚传达了工业和信息化部有关安全生产工作的重要指示精神，庞思平代表学校做安全生产工作情况汇报。会后，督导组利用两天时间分组开展资料审查、座谈交流，以及中关村、良乡、西山三校区的现场检查。

12月3日下午，督查工作总结会议在良乡行政楼123会议室召开，督导组就发现的问题进行了反馈。罗志坚对北京理工大学安全生产工作给予了肯定，并提出要严格落实习近平总书记对安全生产作出的重要指示，进一步加强安全生产的规范化和信息化建设，切实保障校园安全运行。学校表示，将持续高度重视安全生产工作，不断改进工作方式，进一步提升安全生产管理水平，切实防范安全生产事故；对于督导组提出的问题，学校将尽快研究制定整改方案，并举一反三，有力保障师生生命安全和实验室安全运行。

29. 北京理工大学副校长庞思平带队开展元旦节前实验室安全检查

为进一步落实教育部、北京市教育委员会关于实验室安全工作的有关要求，保障元旦前后学校安全形势整体稳定，2021年12月30日，副校长庞思平带队开展实验室安全专项检查工作。安全指导专家北京化工大学机电工程学院副教授窦站和北京理工大学资产与实验室管理处、良乡校区管理处、相关学院领导等参加安全检查工作。

实验室安全检查工作会　　　　　　　庞思平副校长讲话

副校长庞思平带队开展安全检查

检查组以危险化学品、危险仪器设备、实验室用电等为重点，对实验室进行了现场安全检查。检查结束后，安全指导专家对存在的问题进行了反馈，并开展了座谈交流。

庞思平做总结讲话，他指出，学院应高度重视实验室安全工作，进一步完善院级安全管理制度，同时加强实验室安全教育培训，增强师生的安全意识，警惕师生的不安全行为，并将安全因素纳入实验室的建设运行过程中，保障实验室安全运行。针对此次安全检查发现的问题，有关学院须严肃对待，杜绝思想麻痹，按要求落实整改，深化"安全第一，生命至上"的理念，为学校的教学科研工作及"双一流"建设奠定坚实基础。

30. 北京理工大学副校长李振键带队开展中关村校区、西山实验区的实验室安全检查工作

为贯彻落实上级关于安全生产的工作要求，督促学校实验室安全生产工作，持续强化师生安全意识，2023年4月26日，北京理工大学副校长李振键带

队在中关村校区、西山实验区开展实验室安全检查工作。

副校长李振键带队开展安全检查

李振键来到材料学院、机械与车辆学院等的实验室现场,重点对危险化学品、危险性仪器设备、实验室用电、场所环境等方面进行了细致检查。

随后,李振键传达了4月25日下午工信部安全生产工作会议精神和4月26日上午北京市安全生产工作会议上北京市委书记尹力对于安全生产的工作要求和指示。李振键强调,在当前安全生产严峻形势下,要谨记"4·18"长峰医院的事故教训,层层压实压紧安全责任,强化属地监管作用。各学院承担起主体责任,加大力度开展安全检查,夯实应急处置能力,把实验室安全工作做实做细。并要求施工期间注意明火与可燃物品管理,严格施工作业审批,施工人员和非施工人员不得在同一时空交集。切实消除安全隐患,维护好校园安全稳定,为学校"双一流"建设保驾护航。

北京市科学技术研究院的专家,学校资产与实验室管理处、材料学院的领导以及西山实验服务中心、相关学院的相关人员参加了此次实验室安全检查工作。

四、研讨调研咨询会

1. 北京理工大学、南京理工大学、中北大学实验室安全管理研讨会在北京理工大学召开

为进一步提高高校对实验室的安全管理工作水平,经北京理工大学、南京理工大学和中北大学三所学校协商决定,于2007年12月27日在北京理工大学召开了第一次三校实验室安全管理工作研讨会。

实验室安全管理研讨会

国防科工委安全生产监督管理局金鑫副局长和郭建宾处长以及北京理工大学党委副书记赵平出席会议,北京理工大学实验室设备处、保卫处和西山实验区办公室负责人以及南京理工大学实验室与设备管理处、中北大学保卫处和教务处的有关人员参加了会议。研讨会由北京理工大学实验室设备处处长李振键主持。

北京理工大学赵平副书记作为三所高校组织开展实验室安全管理研讨交流工作的倡导人,就北京理工大学组织开展实验室安全文化建设和实验室安全准入制等工作发表了见解。

国防科工委安全生产监督管理局金鑫副局长发表讲话,并对高校应抓好科研实验前的安全评审和风险因素论证等工作作了指示。

国防科工委安全生产监督管理局副局长金鑫讲话

国防科工委安全生产监督管理局郭建宾处长就加强实验过程管理、规章制度的执行监管和加强实验过程中的隐患漏洞的治理等问题作了指示。

国防科工委安全生产监督管理局处长郭建宾讲话

南京理工大学、中北大学和北京理工大学先后介绍了本校的安全生产总体情况、危险品安全管理情况以及在安全生产管理工作中存在的问题。

北京理工大学刘云飞副处长介绍实验室安全管理情况

下午，与会人员考察参观了北京理工大学西山实验区。通过此次会议，三所学校的实验室安全管理人员进行了充分的交流和学习，促进了与会学校的实验室安全管理工作。

参会人员合影

2. 组织召开第二届"卓越联盟"高校实验室与设备管理处处长联席会议

2012年11月16日，北京理工大学在珠海学院组织召开了"卓越联盟"高校第二次实验室与设备管理处长联席会议，来自"卓越联盟"九所成员高校实验室与设备管理处处长参加了会议。北京理工大学副校长赵显利、珠海学院董事长王滔光、珠海学院院长庞思勤到会并致辞，会议由北京理工大学实验室与设备管理处处长史天贵主持。

第二届"卓越联盟"高校实验室与设备管理处处长联席会议

赵显利副校长讲话

赵显利在致辞中对出席会议的代表表示了诚挚的欢迎，希望各高校借助"卓越联盟"平台就实验室建设和管理面临的各种问题进行深入交流，相互借鉴，共同提高，进一步加强高等学校的实验室建设和管理工作。

参会代表围绕"实验室的建设、管理与运行""实验技术队伍的建设与管理""大型贵重仪器设备的开放共享""实验室安全"和"仪器设备采购"等议题进行了专题发言,并就各高校目前的主要问题和解决方法进行了深入研讨。九校代表一致认为,应进一步推动联盟内高校全方位深层次的合作,积极开展各类交流互访活动,深入践行"追求卓越、共享资源"联盟协议原则。

参会人员发言

"卓越联盟"高校实验室与设备管理处处长联席会议是根据《卓越人才培养合作框架协议》精神,以"构建平台、加强协作、资源共享、追求卓

参会人员合影

越"为宗旨而设立,首次会议于2011年在上海同济大学召开,下次会议将由大连理工大学承办。

3. 清华大学实验室与设备管理处来北京理工大学调研

2013年5月7日上午,清华大学实验室与设备处武晓峰处长等一行二十余人到北京理工大学调研。此次调研的主要内容是大型贵重仪器设备开放共享平台的建设。北京理工大学实验室与设备管理处处长史天贵、分析测试中心副主任彭绍春、生命学院院长邓玉林、化工与环境学院院长副院长冯金生、材料学院副院长李树奎参加此次调研会。会议由史天贵处长主持。

史天贵处长对清华大学武晓峰处长一行的到来表示热烈欢迎,并表示清华大学的大型仪器共享平台成立较早,多年的运行积累了丰富的经验,北京理工大学也会认真学习借鉴,希望两校的交流与合作能共同推动双方大型仪器设备共享运行机制和管理水平的提升,为学校创新人才培养和社会做好服务工作。

武晓峰处长介绍了清华大学目前大型仪器设备共享平台的基本情况,并指出根据目前的运行机制和管理办法,仪器设备在开放共享过程中暴露出的一些在管理和使用中设备利用率不高、设备利用不均匀及信息化程度不高等问题,希望来北京理工大学深入调研和学习大型仪器设备共享使用先进的管理手段和方法,为问题的解决提供思路。

彭绍春副主任对北京理工大学大型仪器设备共享平台的建设与运行情况、管理与政策措施以及运行过程中存在的问题等方面做了详细介绍,重点介绍了利用大型仪器设备共享信息系统等现代化手段辅助管理的方法、效果和心得体会;生命学院洪杰老师对大型仪器设备共享系统的使用预约做了演示。

清华大学实验室与设备管理处来校调研

清华大学实验室与设备管理处来校调研（续）

参会人员参观实验室

各自介绍完毕，双方围绕大型仪器设备共享"低成本、高效率、优服务、促共享、扩瓶颈、保安全"以及大型仪器设备共享信息系统的管理方式方法、作用效果等问题展开了积极讨论，北京理工大学就对方关心的问题悉心解答，并共同探讨，在进一步深化大型仪器设备共享的管理、技术队伍建设、服务与保障等方面达成了较多共识。

最后，武晓峰处长一行考察了生命学院生物分离分析实验室，材料学院微观结构分析实验室、物理化学性质分析实验室、材料性能测试实验室，观摩并试用了大型仪器设备共享信息系统的预约、计费等功能，此次调研活动顺利结束。

4. 组织召开第三次"卓越联盟"高校实验室与设备管理处长联席会议

2013年11月9日，"卓越联盟"第三次高校实验室与设备管理处长联席会议在大连理工大学举行，教育部高教司实验室处李平处长，大连理工大学曲景平副校长，原清华大学实验室与设备处处长、《实验技术与管理》杂志主编李德华教授应邀参会，来自"卓越联盟"9所高校的实验室与设备管理部门负责人参加会议。

会上，李德华教授作了《求真务实，做好管理和服务》的专题报告，系统阐述了任清华大学实验室与设备处处长期间的思路与做法，并对联盟高校在当前形势下实验室设备处的重点工作与任务给出了良好的建议。随后，各联盟高校实验室与设备管理负责人围绕"大型贵重仪器设备开放共享"和"实验室安全管理"进行了深入的交流讨论，北京理工大学实验室与设备管理处史天贵处长对学校安全生产责任体系的建设和实施情况作了专题报告。

教育部高教司实验室处李平处长在会议上作了重要发言，对联盟高校如何充分利用现有条件做出更多实质性工作给出了建设性意见，并与各高校同人进行了交流。

与会者一致认为，要充分发挥"卓越联盟"高校实验室与设备管理处长联席会议平台功用，加强联盟高校全方位深入交流，在优质设备资源、政策制度研究等方面开展实质性合作，推动联盟高校实验室与设备工作的全面发展。

5. 召开大型仪器设备开放共享研讨会

2013年11月22日上午，实验室与设备管理处在逸夫楼404会议室组织召开了北京理工大学的仪器设备开放共享研讨会。学校分析测试中心副主任彭绍春、相关学院的主管院长以及部分老师参加了此次研讨会，会议由彭绍春副主任主持。

首先，设备管理科科长张继霞就学校目前仪器设备的使用与管理现状以及大型仪器设备开放共享平台建设和运行情况做了简单介绍。随后，彭绍春副主任就如何转变观念、积极推进大型仪器设备开放共享做了发言，同时就实验室与设备管理处会同财务处起草的《北京理工大学仪器设备开放服务管理办法》中涉及开放共享的组织运行管理、独立核算机制、队伍效益考核等主要问题进行了说明，并希望参会人员积极建言献策，多提宝贵意见和建议。

分析测试中心副主任彭绍春发言

设备管理科科长张继霞发言

参会人员积极讨论，提出了若干有益可行的建议。机械与车辆学院副院长左建华就开放服务经费的分配、贵重仪器设备的维修维护等提出了自己的建议，希望学院得到更多的扶持；信息学院副院长何遵文建议细化和完善各类基金的使用细则；材料学院副院长李树奎就不同类型设备操作人员的管理问题、仪器设备开放共享如何更好地促进青年教师的发展提出了自己的见解；生命学院副院长李勤则希望充分考虑到部分大型仪器设备的专业性和特殊性，建议采取灵活、多样的方式进行管理。

材料学院郝建薇教授提出仪器设备开放共享要与学生的实践能力培养相结合，开放效益的考核要充分利用数据分析，确保公平公正，充分调动机组人员的积极性；机电学院副院长门建兵提出如何制定激励制度是仪器设备开放共享的关键；爆炸科学与技术重点实验室副主任王文杰就重点实验室开放、实验技术队伍问题提出了自己的建议，生命学院洪杰也结合自身管理大型仪器设备中存在的问题进行了积极发言。

参会人员发言

参会人员一致认为，从学校层面构建大型仪器设备开放共享平台，充分利用各学院的资源，打破壁垒，是促进仪器设备开放共享的有效途径；同时，建立灵活、高效的运行机制和激励政策也体现了学校解放思想、转变观念、创新机制体制管理、大力支持学院建设、促进学科的交叉与融合、促进对外开放服务、促进创新型人才培养的科学发展理念，为学院的发展提供了良好的环境。

6. 召开实验系列专技职务申报条件修订专家咨询会

为完善实验系列专技职务设置体系，加快申报条件修订工作，充分发挥申报条件在专职实验人员职业发展的指挥棒作用，2017年11月27日上午，实验室与设备管理处召开实验系列专技职务申报条件修订专家咨询会，来自机关部门和用人单位长期从事实验室相关工作的十余位专家，以及实验室设备处史天贵处长、兰山副处长出席此次会议。

实验系列专技职务申报条件修订专家咨询会

会议由兰山主持，首先对咨询会的目的、议程做了介绍。平台信息室主任刘琦就申报条件修订的背景和相关情况做了报告。随后参会专家紧密围绕实验人员定位与发展，对正高级和副高级专技职务申报条件修订草案中存在的问题进行了充分交流与讨论，积极发表意见，从实验人员培养、职业发展、政策关怀到具体申报条件的科学性、规范性、合理性、严密性给出了建议。

最后，史天贵对与会专家提出的宝贵意见与建议表示感谢，并表示会对各位专家的建议认真总结，对申报条件做进一步调研，强调要发挥骨干教师的中坚力量，增强实验队伍整体活力，为学校"双一流"建设做好人才保障。

7. 大连海事大学国有资产与实验室管理处来北京理工大学调研

2018年4月3日下午，大连海事大学国有资产与实验室管理处邹玉堂处长一行五人来北京理工大学调研。学校实验室与设备管理处处长史天贵，副处长马涛、兰山，国有资产管理处副处长刘昕戈参加此次调研会。

大连海事大学国有资产与实验室管理处来校调研

会上，马涛副处长对我校实验室建设与管理工作做了系统的介绍。接下来，双方在实验室管理、实验队伍建设、仪器设备开放共享以及公用房管理等方面就建设思路、理念、举措进行了深入有效的交流与探讨。

最后，双方均表示将加强联系、互联互通、信息共享，共同努力推动双方实验室建设与管理工作。

8. 南京航空航天大学国有资产管理处来北京理工大学调研

2018年9月20日下午，南京航空航天大学国有资产管理处/节能管理办公室副处长沈伯秀一行四人到北京理工大学调研。学校资产与实验室管理处副处长刘昕戈、相关业务科室负责人参加此次调研会。

会上，双方结合国家政策要求、学校实际情况，就大型仪器设备开放共享、国有资产管理、资产与实验室信息化建设等方面进行了深入、有效的交流探讨。

最后，双方均表示将加强联系、互联互通、信息共享，共同努力推动双方资产与实验室管理工作。

9. 组织召开B8联盟资源共享工作组第一次工作会

B8联盟资源共享工作组第一次工作会

2018年12月7日，B8协同创新联盟（以下简称"B8联盟"）资源共享工作组第一次工作会在北京理工大学顺利召开。北京理工大学副校长龙腾、中国兵器科学研究院办公室主任姜忠明等领导和22位成员单位代表出席会议。

龙腾代表学校致辞。他指出，资源共享是各高校非常重要的一项工作，高校资源配置是"双一流"建设的后勤保障。目前在资产、实验室、图书等资源管理方面还存在许多难点，诸如增存量资源配置、公共平台建设、实验室安全、图书馆建设等，需要仔细沟通交流；同时各单位内部和B8联盟间的资源共享，需要大家深入研究讨论。他强调，资源管理工作要以学校主要工作为引领，要为B8联盟的发展做贡献。

北京理工大学资产与实验室管理处为B8联盟资源共享工作组第一任轮值组长单位，简要介绍了B8联盟资源共享工作组工作章程和细化工作方案。成员单位就资产、实验室、图书、经营性资产等业务现状进行了介绍，对业务中存在的主要问题进行了研讨；随后，与会者一起参观考察了北京理工大学良乡校区徐特立图书馆、先进结构技术研究院、分析测试中心等。

姜忠明发表讲话。他介绍了B8联盟的背景及目的，指出目前兵器行业迎来新的历史阶段，希望B8联盟能基于共享环境、信息资源开放等，切实推进相关工作；希望大家高度重视、积极参与、齐心聚力，共同为B8联盟共享工作出谋划策。

10. 调研学校城内平房

2019年6月25日，资产与实验室管理处史天贵处长带队对学校位于东城区的平房进行调研并部署防汛工作。调研人员现场走访了各院落，对房屋设施进行详细查看,检查防汛物资准备情况和责任制落实情况。

调研我校东城区平房

学校位于东城区的平房共有530间220户,主要分布在育群胡同、魏家胡同、汪芝麻胡同等,均为1949年前建设,房屋设施老旧,私搭乱建现象严重。结合现场调研情况,史天贵处长要求面对严峻的防汛形势,务必增强防范意识,做好应急预案和抢修准备工作,确保安全度汛。

11. 召开2019年平台运行与建设情况年中交流会

为促进学校公共实验平台建设,加强新旧平台间的沟通、交流、合作,推进平台绩效产出,2019年8月21日下午14:00,在中关村校区10号楼205会议室,学校召开了平台运行与建设情况年中交流会。会议由资产与实验室管理处处长史天贵主持,副校长龙腾出席会议,相关学院代表参加会议。

2019年平台运行与建设年中交流会及参观活动

首先参会人员实地参观了2018年末已经投入运行使用的微波暗室、先进材料实验中心和生物与医学工程实验中心。随后，相关人员就学校近两年投入建设的10个平台建设项目汇报了建设情况、运行建设情况及绩效情况，并交流意见问题。

龙腾副校长讲话

龙腾副校长就实验平台建设做总结发言，他指出：各平台根据所处阶段完成不同任务，建设段的平台应抓紧落实，运行段的平台应注重统计分析成效及数据支撑，评估段的平台应不断完善评估体系，论证段的平台应汲取各已建平台经验、加强论证、提升绩效；平台运行与建设情况的交流应制度化、常态化，交流会每半年召开一次。

12. 2019年实验室研究项目结题验收评审会召开

2019年9月24—25日，资产与实验室管理处组织召开了实验室研究项目结题验收评审会，2018年立项的部分项目根据项目进展，参与了此次结题验收。

验收评审专家走访实验室

评审专家通过听取结题汇报、实地走访等方式，根据立项的研究内容和预期成果，针对项目内容的完成度、指标成果的完整度、经费使用的规范性开展评价。经评审，部分项目通过了结题验收。

实验室研究项目涉及实验室管理、仪器设备自制（改制）、实验技术方面，为学校实验室工作的开展营造了良好的创新环境，有效调动了学校实验室人员从事实验室研究的积极性、主动性和创造性。项目研究周期为1~2年，每年由资产与实验室管理处定期组织项目申报与结题验收。

13. 郑州大学实验室管理中心来北京理工大学调研

2019年10月16日下午，郑州大学实验室管理中心主任马国杰一行八人到北京理工大学调研。学校资产与实验室管理处处长史天贵、副处长兰山以及相关业务科室负责人参加此次调研会。

会上，双方结合国家政策要求、学校实际情况，就实验室建设与管理以及实验室安全管理等方面进行了深入、有效的交流探讨。

最后，双方均表示将加强联系、互联互通、信息共享，共同努力推动实验室管理工作。

郑州大学实验室管理中心来我校调研

14. 北京航空航天大学等三所高校来北京理工大学调研

2019年10月17日上午，北京航空航天大学校园规划建设与资产管理处、南京农业大学实验室与设备管理处、中国矿业大学实验室与设备管理处及相关职能部门集中到北京理工大学调研。学校资产与实验室管理处处长史天贵、副处长刘昕戈、郭宏伟以及相关业务科室负责人参加此次调研会。

会上,史天贵处长对资产与实验室管理处的机构设置、业务范围以及政策规定作了系统全面的介绍。接下来,四所高校就实验室建设与管理、大型仪器设备开放共享、实验室安全、公房管理等方面进行了深入、有效的交流探讨。

此次四所高校的业务交流活动也是贯彻落实"不忘初心、牢记使命"主题教育的一次扎扎实实的活动,取得了良好的效果。

北航、南京农业、中国矿业三所高校来我校调研

最后,四所高校均表示将加强联系、互联互通、信息共享,共同努力推动资产与实验室管理工作。

15. 深圳大学实验室与国有资产管理部来北京理工大学调研交流

2019年12月18日下午,深圳大学实验室与国有资产管理部曹建明副主任一行5人来北京理工大学,主要就实验室管理与校级分析测试中心管理进行调研交流,北京理工大学资产与实验室管理处副处长兰山等进行接待。

深圳大学实验室与国有资产管理部来我校调研

调研会议于逸夫楼会议室召开,由兰山主持,北京理工大学资产与实验

室管理处实验平台室及分析测试中心先后同深圳大学来访人员分享学校实验室（中心）建设与管理情况。

参观实验室

两校人员就实验室建设管理、平台建设管理、信息化建设等问题进行深度交流探讨。曹建明对北京理工大学的热情接待表示感谢，并表示两校实验室管理上有很多相似相通处，收获良多。

随后，深圳大学来访人员实地参观了北京理工大学微波暗室、先进材料实验中心。微波暗室张希金腾、先进材料实验中心陈寒元为深圳大学老师详细介绍了其平台情况。深圳大学老师表示对北京理工大学有了更深入的了解，希望两校以后能进一步持续交流。

16. 召开国有资产管理委员会第一次会议

2020年1月2日上午，北京理工大学国有资产管理委员会第一次会议在2号楼211会议室召开，党委书记赵长禄，校长张军，党委常务副书记项昌乐，副校长龙腾以及党政办公室、审计处、人力资源部、计划财务部、科学技术研究院、资产与实验室管理处、后勤基建处、图书馆、档案馆、资产经营公司等成员单位的负责人出席了会议。会议由龙腾副校长主持。

首先，项昌乐副书记宣读了党委常委会决定，宣布成立北京理工大学国有资产管理委员会，加强学校国有资产管理工作。

随后，资产与实验室管理处处长史天贵对《北京理工大学国有资产管理规定》的形成过程及要点进行了解读；会议就《北京理工大学国有资产管理规定》进行了沟通讨论，并提出合理化意见建议。

国有资产管理委员会第一次会议

最后，会议研究决定，由资产与实验室管理处结合意见建议完善修改《北京理工大学国有资产管理规定》，尽快提交校长办公会和党委常委会审议。

17. 召开2019年度实验平台运行情况工作交流会

2020年1月14日上午8:30，实验平台2019年度运行情况工作交流会在中关村校区信息科学实验楼205会议室召开。副校长龙腾出席会议，实验平台建设规划工作组成员单位负责人、全部理工科学院实验室工作分管领导、各平台负责人参加会议，会议由资产与实验室管理处副处长兰山主持。

2019年实验平台运行情况工作交流会

龙腾副校长讲话

分析测试中心（微纳技术中心）、微纳量子光子实验中心、先进材料实验中心、生物与医学工程实验中心、微波暗室、嵌入式导航与技术实验室、电子政务研究中心等已完成建设的实验平台进行了年度工作报告，汇报了年度运行情况、绩效完成情况，交流了建设运行中的经验。实验平台建设规划工作组成员单位对平台运行情况提出意见与建议。

龙腾就平台工作做总结发言，他指出：平台的论证与建设应紧密围绕新兴、交叉学科；平台运行中，应建立常态化交流机制，专题交流建设、运行管理经验，鼓励积极开展软性课题研究，加强素材与成果的积累；持续推进平台考核评估，注重对增量产出的考察。

18. 长安大学实验室与设备管理处来北京理工大学调研

2021年5月19日上午，长安大学实验室与设备管理处赵煜处长等一行13人来到北京理工大学进行调研。调研交流会在逸夫楼408会议室召开，由资产与实验室管理处处长史天贵主持，机械与车辆学院副院长宫琳、工程训练中心主任付铁、基础力学实验中心副主任马沁巍、资产与实验室管理处相关工作负责人参加交流。

长安大学实验室与设备管理处来我校调研

双方就实验室建设与管理、实验室安全、仪器设备开放共享、实验队伍、信息化等问题进行了深入的交流探讨。

随后，来访人员实地参观了电动车辆工程实验室，由机械与车辆学院刘鹏老师介绍了实验室发展历程和最新科研成果。

19. 北京航空航天大学实验室与设备管理处来北京理工大学调研

2021年10月14日下午，北京航空航天大学实验室与设备管理处刘刚处长等一行8人来到北京理工大学进行调研。调研交流会在逸夫楼408会议室召开，由资产与实验室管理处处长史天贵主持，资产与实验室管理处相关工作负责人参加交流。

交流会上，史天贵处长代表北京理工大学资产与实验室管理处对北航同人的来访表示诚挚欢迎。刘刚处长介绍了调研团成员情况并说明了此次调研的目的。调研期间，双方重点围绕实验平台建设、大型仪器设备开放共享、实验室信息化建设等方面开展了深入的交流。

北京航空航天大学实验室与设备管理处来我校调研

20. 南京理工大学国有资产与实验室管理处来北京理工大学调研

2021年10月20日上午，南京理工大学国有资产与实验室管理处王雪飞副处长一行5人来到北京理工大学进行调研。调研交流会在逸夫楼408会议室召开，由北京理工大学资产与实验室管理处处长史天贵主持，资产与实验室管理处副处长刘云飞、分析测试中心主任彭绍春、体育部主任赵汐、资产与实验室管理处副处长栗兴，以及资产与实验室管理处相关工作负责人参加交流。

南京理工大学国有资产与实验室管理处来我校调研

首先，史天贵处长向兄弟高校的来访人员表示欢迎，王雪飞副处长简单介绍了来访人员的情况并说明了此次调研的重点与问题。

其次，高峰重点介绍北京理工大学实验平台建设、公房有偿使用、国有资产管理、大型仪器设备开放共享等方面的经验与问题。彭绍春主任、赵汐主任分别就分析测试中心建设与管理、体育场馆管理与对外开放等业务进行了介绍。

最后，来访人员参观了北京理工大学先进材料实验中心、自动化实验中心，以及导航制导与控制实验室。

21. 召开国有资产管理工作座谈会

2021年10月25日下午，资产与实验室管理处在逸夫楼四层会议室组织召开国有资产管理工作座谈会，参会人员为学校国有资产归口管理单位相关负责人。

国有资产管理工作座谈会

资产与实验室管理处副处长张晓丹汇报了资产管理工作和专项检查工作，恳请参会人员就国有资产专项检查方案提出宝贵意见建议，并按暂定时间节点完成自查工作，并积极配合做好后续的抽查相关工作。

最后，资产与实验室管理处处长史天贵总结发言，希望各单位高度重视此次专项检查工作，以巡视整改为契机，积极主动全面梳理分析问题，提出整改举措，建立长效机制。他强调，资产管理工作应以建立核算型信息化为目标，重视规范数据管理，以信息化为基础改革创新，提升资产管理水平。

五、宣传竞赛签约会

1. 北京理工大学安全生产知识竞赛圆满落幕

2005年6月27日下午，北京理工大学安全生产知识竞赛决赛在七号教学楼一层报告厅举行，进入决赛的四支参赛队分别是在先前举行的四场预赛中获得第一名的队伍。参赛选手经过必答题、抢答题、风险题的多轮较量，最后由材料科学与工程学院硕士研究生束庆海、刘龙、吴秀梅组成的代表队取得了此次安全生产知识竞赛一等奖。作为此次活动的承办单位，材料科学与工程学院在活动的前期筹备、组织参赛队、赛场布置、现场主持等方面做了卓有成效的工作，获得了此次安全知识竞赛的优秀组织奖。

生产知识竞赛决赛现场

侯光明副校长和有关学院主管实验室和主管安全副院长及各学院负责安全工作的老师也亲临现场观摩指导，各学院还派出啦啦队为参赛选手呐喊助威并参与了观众答题。安全生产知识竞赛活动是北京理工大学全年"安全生产月"系列活动之一，也是学校举办的第一次由广大师生参与的现场抢答式安全知识竞赛。此次活动由实验室设备处主办、材料科学与工程学院承办，共有学校机电工程学院、材料科学与工程学院、化工与环境学院、生命科学与技术学院、理学院等五个学院选派的24支代表队的72名师生进行了认真备战和积极参与。这次活动，达到了"传播安全文化、宣传安全知识"的目的，进一步增强了参与者的安全生产意识和技能，取得了预期的效果。

2. 北京理工大学举办安全生产知识讲座，为"安全生产月"活动画上句号

2005年6月29日下午，作为北京理工大学2005年"安全生产月"系列活动的最后一项活动——安全生产知识讲座，在逸夫楼二层学术报告厅举行。侯光明副校长出席此次活动，各学院、机关部处、直属单位、产业办、后勤集团安全工作负责人，各实验室安全工作负责人及学生代表参加。

安全生产知识讲座现场

安全生产知识讲座现场（续）

此次安全生产知识讲座的主讲人是来自国家安全生产监督管理总局安全生产协调司的陈志刚处长，他本人也是北京理工大学原化工与材料学院的硕士毕业生。陈处长从我国当前安全生产形势、问题与挑战谈起，然后讲到了近年来校园安全引起全社会的高度关注，重点剖析了学校常见事故类型与防范对策，最后围绕全年全国"安全生产月"活动主题——"遵章守法、关爱生命"，提出了构建和谐安定校园环境的具体途径。

侯光明副校长做了总结发言。他首先感谢陈处长为母校的安全生产做了一次精彩的讲座，希望今后经常光临指导母校安全生产工作。同时，他指出学校在建设高水平研究型大学、培养高素质人才过程中，一定不要忽视对学生安全意识的培养教育；接着介绍了学校所面临的形势和学校已经开展的相关工作。侯校长还借此机会，对学校全年"安全生产月"活动做了总结。他指出，全年的"安全生产月"活动，在实验室设备处组织下，在各单位密切配合下，开展了丰富多彩的活动内容，达到了"营造安全氛围、传播安全文化、宣传安全知识"的目的，进一步巩固了学校安全生产稳定局面。最后，侯校长指出，学校近几年未发生重大安全生产事故，这是在座全体老师共同辛勤努力的结果，并希望大家在今后的校园安全生产工作中取得更大的成绩。

3. 北京理工大学举办2006年"安全生产宣传咨询日"活动

2006年6月11日（星期日）上午，按照国家和北京市的统一要求，实验室设备处联合保卫处、宣传部、后勤集团、生命科学与技术学院等单位，在学校北篮球场东侧小花园，共同举办了"安全生产宣传咨询日"活动。

安全生产宣传现场

活动现场设置了以化学实验安全、交通安全、消防安全为主要内容的宣传专栏，发放了以安全知识、安全漫画、安全标识、消防常识为主要内容的宣传品，播放了安全教育音频资料，设立了安全生产咨询宣传点。

现场进行了安全谜语活动

侯光明副书记、赵平副书记参加了当天的活动

"安全生产宣传咨询日"活动是学校2006年"安全生产月"期间的系列活动之一,活动的出发点是"宣传安全知识,强化安全意识,营造校园安全文化氛围"。

4. 北京理工大学和美国DALLAS/MAXIM公司联合成立单总线技术联合实验室

2006年9月25日上午9:00,在信息科学技术学院会议室举行了北京理工大学和美国DALLAS/MAXIM公司单总线技术联合实验室签字挂牌仪式。

BIT-MAXIM单总线技术联合实验室签字挂牌仪式

出席签字挂牌仪式的代表有：DALLAS/MAXIM公司产品线总裁（Business Unit Director）Scott Jones先生和产品应用经理（Regional Application Manager）刘武光先生，北京理工大学实验室设备处处长李振键教授，信息科学技术学院院长仲顺安教授、副院长廖晓钟教授、副院长张笈教授，以及电子技术基础课程主讲教授李庆常教授，检测技术与自动化装置学科负责人彭光正教授和电子技术教研室全体老师。

签字挂牌仪式由张玉平教授主持，王美玲副教授宣读了《北京理工大学和DALLAS/MAXIM公司关于教育和研究计划的合作协议书》，DALLAS/MAXIM公司产品线总裁Scott Jones先生和北京理工大学实验室设备处处长李振键教授发表了热情洋溢的讲话并对协议书进行了签字，信息科学技术学院院长仲顺安教授和DALLAS/MAXIM公司 Scott Jones先生为单总线技术联合实验室揭牌。最后全体与会人员参观了联合实验室。

5. 北京理工大学开展化学品中转室应急演练

2018年6月27日上午，为进一步保障学校化学品中转室安全运行，提高相关管理人员及师生的应急处置能力，学校实验室与设备管理处联合相关部处、学院及北京鼎元汇丰环保技术有限责任公司，在中关村校区化学品中转室开展了危化品泄漏起火事故应急演练。学校办、宣传部、保卫处、校医院、实验室与设备管理处以及相关学院负责同志，中转室管理员，实验室师生等参加。

演练结束后，实验室与设备管理处处长史天贵发表讲话。他强调，天津港爆炸事故以来，化学品安全管理面临严峻形势，全国自上而下高度重视，应急演练十分必要，可有效控制事故危害、降低事故损失。他要求各单位及实验室以此次演练为契机，进一步增强师生安全意识，提升应急处置能力，为教学科研营造安全稳定的环境。

化学品中转室应急演练

6. 当选北京市高教学会实验室工作研究分会理事长单位

2018年11月30日下午,北京市高教学会实验室工作研究分会第七次全体会员大会在北京理工大学七号楼报告厅顺利举行。出席此次会议的有北京市高教学会王晓纯常务副会长、教育部高教司实验室处高东锋处长、北京市教委高教处荣燕宁处长、全国高校实验室工作研究会黄开胜副理事长、北京市高校实验室工作研究分会第六届理事会李晓林理事长、研究分会全体理事以及北京理工大学龙腾副校长。

龙腾代表北京理工大学致欢迎词。他指出，北京理工大学长期以来对实验室工作非常重视。实验室工作涉及方方面面，既是学科建设的重要支撑，又是学术资源的重要抓手，还包含实验室安全这样一个底线。研究分会在实验室工作领域开展充分的学术交流和信息共享，会对各个高校的实验室管理工作起到非常重要的作用。同时他表示，希望通过与各位领导专家的沟通交流，进一步促进北京理工大学实验室建设发展。

龙腾副校长讲话

参会人员合影

会议举行了新一届理事长、副理事长选举工作，北京理工大学资产与实验室管理处史天贵处长当选实验室工作研究分会第七届理事会理事长。

与会各级领导做了发言，希望研究会在新一届班子领导下取得更好的成绩，把北京市高校实验室工作推向一个新高度。

7. 学校开展2019年"安全生产月"培训及应急演练活动

为进一步强化师生安全意识和责任意识，提升安全生产管理实效，根据学校2019年"安全生产月"活动的总体安排，资产与实验室管理处于6月20—21日组织开展专题培训和应急演练活动。各相关单位主管领导、技安干事、实验室负责人、实验室管理员、学生及学校安全督查员、中转室管理员等300余人参加了培训和演练活动。

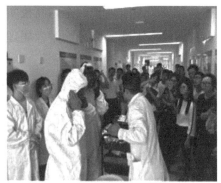

"安全生产月"培训、演练活动

根据上级部门对高校安全管理工作的要求以及学校的实际情况，此次专题培训以"高校化学品安全贮存与管理"和"高校安全生产管理"为主题开展。

危险化学品事故应急演练分别在中关村校区和良乡校区举行。演练以实验室发生危险化学品泄漏和人员受伤为场景，向现场观摩的师生直观展示了疏散撤离、人员救护、事故报告、应急处置等环节的要点和注意事项。此次演练为保障实验室危险化学品安全打下良好的基础，为危险化学品应急处置积累了经验。

8. 北京理工大学在第五届全国高等学校教师自制实验教学仪器设备创新大赛中取得佳绩

2019年，由中国高等教育学会主办的第五届全国高等学校教师自制实验教学仪器设备创新大赛在成都举行，北京理工大学共有5件作品获奖，团体总分排名全国高校第八，获得"优秀组织单位"称号。

第五届全国高校教师自制实验教学仪器设备创新大赛

此次大赛共有600余件作品参赛，248件作品入围决赛。为促进优秀教学仪器的成果转化，此次大赛首次增设路演评审环节，设置路演奖金奖1名，银奖3名，铜奖5名，57件作品参与路演，北京理工大学化学与化工学院薛敏、孟子晖、邱丽莉等制作的"纳米自组装材料光学表征仪"喜获银奖。在决赛终评环节，宇航学院马沁巍制作的"非接触式光学引伸计应变测量系统"获二等奖；机电学院毛瑞芝制作的"便携式两轮车倒立摆实验系统"，机械与车辆学院王志福制作的"电动汽车动力电池特性与电池管理系统教学与测试仪"，机械与车辆学院彭增雄、李忠新、荆崇波制作的"虚拟实验与现场实验相结合的液压与气动开放实验教学系统"获三等奖。

此次参展作品集中展示了北京理工大学两年来自制实验教学仪器设备的最新成果，既符合科学原理，又贴近教学实际，已经在日常教学中使用，部分设备具有一定商业价值，得到了评审专家、参会代表和广大学生的高度认可和好评。

9. 开展"向兄弟单位网站学习"专题活动

为增进对兄弟单位网站建设情况的了解，提升处内网站建设水平，资产与实验室管理处于2020年5月开展了"向兄弟单位网站学习"专题活动。此次活动对47个外校资产与实验室管理部门网站和76个校内部门网站进行评分，分别选出校内外共十个最佳网站，并根据个人评分情况选出五位最佳评委。

经过17位评委的评选和公示，中国人民大学资产与后勤管理处、中国农业大学国有资产管理处、山东大学资产与实验室管理部、同济大学资产与实验室管理处和厦门大学资产与后勤事务管理处获评校外五佳网站。

教务部招生办公室、管理与经济学院、信息与电子学院、党委办公室/行政办公室和光电学院获评校内五佳网站。

经过评审，李世青获得一等奖，战莉与曹康获得二等奖，戴陈其与赵睿英获得三等奖。

通过此次活动，资产与实验室管理处全体人员对网站信息化建设有了更深入的理解，也对处内网站及信息化建设起到了积极促进作用。

10. 北京理工大学在第六届全国高等学校教师自制实验教学仪器设备创新大赛中取得佳绩，团体排名全国第一

2021年6月，中国高等教育学会公布了第六届全国高等学校教师自制实验教学仪器设备创新大赛决赛获奖名单。北京理工大学6项作品入围决赛，获得一等奖3项、二等奖2项、三等奖1项，团体总分全国第一。大赛每2年举办一次，要求每个学校最多推荐6项，共351件作品通过网上初评进入决赛，设置自由设计类一等奖13项、二等奖40项，三等奖245项，企业命题类一等奖2项、二等奖6项，三等奖13项。

获奖人员合影

此次参展作品集中展示了北京理工大学近2年来自制实验教学仪器设备的最新成果，参赛项目获得了专家一致认可，多个项目在现场与企业、高校达成了合作意向。

大赛现场

自制实验教学设备的成果产出离不开学校的重视和支持。学校自1985年起划拨经费支持实验教学设备自制改制工作，2012年起设置了针对自制实验教学仪器设备的实验室研究项目。实验室研究项目坚持以问题为导向，严格把控申报、立项、结题过程，将"在实验教学中的应用范围、应用效果"作为立项和结题的重要评审依据，将"承担项目研制"与专职实验人员职称晋升结合，保证项目与实验教学的紧密联系，激发了实验教师的积极性。发展至今，学校自制实验教学设备研制工作已经在组织、项目、政策、经费方面形成了良好的保障体系。

实验室研究项目已开展4期，共支持了256个研究课题，累计投入资金508万元，支持自制（改制）教学设备132项，改进实验技术方法42项，产出配套实验教程103套。项目成果均应用于实验教学中，产生了一批与前沿技术充分集合、具有自主知识产权的教学设备，优化了大量实验教学过程，推进了用自制设备替代市场产品的进程，加强了科学研究与实验教学的紧密融合，有力支撑了学生实验创新能力和高水平实验教师的培养，为"双一流"背景下的创新人才培养贡献力量。

11. 举办2023年"安全生产月"现场活动

为进一步增强师生安全意识，筑牢安全防线，学校积极响应第22个全国"安全生产月"活动号召，2023年6月12日，资产与实验室管理处在中关村校区举办了"人人讲安全、个个会应急"为主题的"安全生产月"现场活动。

活动现场主要分为"试剂分类大作战""安全闯关，关关通""应急急救大考验""安全VR"四个部分。师生首先在活动现场观看学校实验室安全宣教内容，并现场体验了各项创意闯关活动。

"安全生产月"活动现场

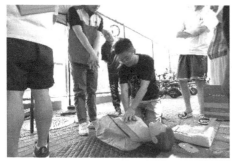

"安全生产月"活动现场(续)

本次"安全生产月"活动通过观看展览和现场活动成功吸引了900余名师生参加。此次活动切实推动了安全文化深入人心,让参与活动的师生在体验中学习安全知识,提升应急操作经验,营造全校共同参与的浓厚氛围,使"安全生产"成为全校师生们共同关注的焦点。通过这次活动,凝聚全校师生除隐患、懂安全、保安全的强大合力,能够有效应对各类灾害事故,真正做到"人人讲安全、个个会应急"。

后 记

自20世纪80年代以来,我国的一些高校陆续成立了专门的实验室管理机构,历经几十年,高校的实验室管理机构从成立到撤销到再组建再调整,可谓几经变革。从实验室管理机构的变革乃至上级主管部门实验室管理机构的变革,实验室管理机构"岌岌可危"的地位可见一斑。在这样的大背景和形势下,实验室管理机构如何立足自身、谋求发展,是一个非常值得探究的课题。

一直以来,实验室管理机构作为资源保障、支撑和服务部门,其管理效益在人才培养、科学研究、社会服务等方面一直未被足够重视。因此,对于实验室管理机构而言,只是按部就班地履行管理职责还远远不够,而是要有所突破、有所创新、主动作为,这样才能改变动辄"被改革"的命运,才能发展壮大。

北京理工大学的实验室设备处自成立以来一直秉承着"有为才有位""有担才有当"的发展思路,在高等教育规模逐年扩大,国家投资逐年增加的社会背景下,实验室的发展更是突飞猛进。本书通过对历年工作年鉴的系统梳理、总结和凝练,追溯了实验室设备处自1983年成立至2023年这四十年的发展历程,从历史沿革、组织机构着手,重点围绕奋斗历程、四十年聚焦展开,回顾这四十年的大事件,搭建起本书的基本架构。

编撰本书旨在总结四十年来学校在实验室建设与资产管理中取得的经验和成果,以期对未来的实验室建设与资产管理工作提供一定的借鉴与参考。在本书编辑过程中得到了各位领导、同事、同行的指导和帮助,在此表示最诚挚的谢意。本书为初次摸索,某些历史资料因年代久远有所欠缺、疏漏甚至是失误,偏颇或不当之处敬请指正。